KB132970

논다는 것

너머학교 열린교실 07

논다는 것

이명석 글 · 그림

너머학교

사람은 자연학적으로는 단 한 번 태어나고 죽지만 인문학적으로는 여러 번 태어나고 죽습니다. 세포의 배열을 바꾸지도 않은 채 우리의 앎과 믿음, 감각이 완전 다른 것으로 변할 수 있습니다. 이것은 그리 신비한 이야기가 아닙니다. 이제까지 나를 완전히 사로잡던 일도 갑자기 시시해질 수 있고, 어제까지 아무렇지도 않게 산 세상이 오늘은 숨을 조이는 듯 답답하게 느껴질 때가 있습니다. 내가 다른 사람이 된 것이지요.

어느 철학자의 말처럼 꿀벌은 밀랍으로 자기 세계를 짓지만, 인간은 말로써, 개념들로써 자기 삶을 만들고 세계를 짓습니다. 우리가 가진 말들, 우리가 가진 개념들이 우리의 삶이고 우리의 세계입니다. 또 그것이 우리 삶과 세계의 한계이지요. 따라서 삶을 바꾸고 세계를 바꾸는 일은 항상 우리 말과 개념을 바꾸는 일에서 시작하고 또 그것으로 나타납니다. 우리의 깨우침과 우리의 배움이 거기서 시작하고 거기서 나타납니다.

아이들은 말을 배우며 삶을 배우고 세상을 배웁니다. 그들은 그렇게 말을 만들어 가며 삶을 만들어 가고 자신이 살아갈 세계를 만들어 가지요. '생각교과서—열린교실' 시리즈를 준비하며, 우리는 새로운 삶을 준비하는 모든 사람들, 아이로 돌아간 모든 사람들에게 새롭게 말을 배우자고 말하고자 합니다.

무엇보다 삶의 변성기를 경험하고 있는 십대 친구들에게 언어의 변성기 또한 경험하라고 말하고 싶습니다. 이번 시리즈를 위해 우리는 자기 삶에서 언어의 새로운 의미를 발견한 분들에게 그것을 들려 달라고 부탁했습니다. 사전에 나오지 않는 그 말뜻을 알려 달라고요. 생각한다는 것, 탐구한다는 것, 기록한다는 것, 느낀다는 것, 믿는다는 것, 꿈꾼다는 것, 읽는다는 것……. 이 모든 말들의 의미를 다시 물었습니다. 그리고 서로의 말을 배워 보자고 했습니다.

'생각교과서—열린교실' 시리즈가 새로운 말, 새로운 삶이 태어나는 언어의 대장간, 삶의 대장간이 되었으면 합니다. 무엇보다 배움이 일어나는 장소, 학교 너머의 학교, 열려 있는 교실이 되었으면 합니다. 우리 모두가 아이가 되어 다시 발음하고 다시 뜻을 새겼으면 합니다. 서로에게 선생이 되고 서로에게 제자가 되어서 말이지요.

2012년 겨울 고병권

차례

너희 참 이상하다.

왜 안 놀아?

애들아, 뭘 그렇게 힐끔힐끔 쳐다보니? 내가 그렇게 이상하게 생겼어? 너 좀 전에 그랬지? "우와! 여자가 수염 났어." 야, 나, 여자 아니거든. 목소리 들으면 알잖아. 그냥 꼬불꼬불 머리 길고 수염 난, 멋진 삼촌이야. 뭐야, 왜 웃어? 전혀 안 멋있다고? 그건 너희들이 아직 멋을 몰라서 그런 거고.

너희들, 나보고 이상한 사람이라 그랬지? 난 너희들이 훨씬 이상해. 학교 끝나자마자 발에 땀이 나게 학원으로 달려가고 있지? 학교에서 그렇게 공부하고 또 공부할 게 남은 거야? 쯧쯧, 나라면 안 그럴 텐데. 나라면 운동장에서 공도 빵빵 차고, 친구들이랑 모여서 노래도 부르면서 신 나게 놀 텐데.

뭐라고? 공부해야지, 나처럼 이상한 사람하고 노닥대다간 대학도 못 가고 굶어 죽는다고?

그래? 그거 이상하네. 있잖아, 너희들 주변에 그런 어른 없어? 그러니까 좀 이상한 삼촌……. 남들 다니는 직장도 안 다니고, 맨날 뽈뽈거리면서 여기저기 다니고,

뭐가 그리 좋은지 길에서 깔깔대며 춤추고, 그런데도 용케 굶어 죽지도 않고 잘 사는 사람 말이야.

없어, 정말? 아 너희 인생 참 심심하겠다. 심심해서 목이 메어 밥도 안 넘어가겠다. 하는 수 없구나. 이제 나의 정체를 보여 줘야겠네. 이제부터 잘 봐. 내가 바로 그런 삼촌이야. 이거 자랑이라면 자랑인데…… 나는 맨날 놀면서 먹고사는 사람이야. 그러니까 뭔가 재미있겠다 싶은 걸 발견하면 그걸 열심히 가지고 놀아. 만화책 읽기도 좋고, 여행 다니기도 괜찮고, 지도 그리기도 멋지지. 그다음엔 내가 이렇게 재밌게 놀았다며 자랑하는 글을 써. 사람들은 그 글을 읽고 "정말 재미있네, 나도 놀아야지." 하며 신을 내지. 정말로 놀기만 잘해도 먹고살고 있어.

어허, 못 믿겠다고?

좋아. 이제 너희들에게 '논다는 것'에 대해 알려 주지. 도대체 애들은 왜 그렇게 놀고 싶어 안달을 하는지. 또 어른들은 왜 그렇게 못 놀게 하는지. 어떻게 하면 진짜 재미있게 놀면서, 그 시간에 책만 본 애들보다 훨씬 더 똑똑해질 수 있는지. 그렇게 해서 말이야, 부모님이나 선생님이 "너, 맨날 놀면서 뭐 될래?"라고 묻잖아? 그러면 "에헴, 사실은 잘 놀아야 진짜 잘 살아요."라고 맞받아칠 수 있게 해 주겠어.

논다는 건 도대체 뭘까?

삼촌이 너희만큼 어릴 때였어. 아무것도 하기 싫어서 방바닥에서 뒹굴고 있으면 엄마가 그러더라. "욘석아. 노느니 장독이나 깨!" 나는 문지방 위로 고개를 내밀며 대꾸했지. "그게 무슨 말이야? 장독을 깨라니."

엄마는 빗자루를 들고 소리 질렀어. "무슨 소리긴? 책 들고 공부하든지, 그것도 아니면 방 청소를 하고, 그것도 싫으면 마당에서 놀면서 장독이라도 깨라고. 어디 밥 먹고 할 일이 없어서 방구석에서 뒹굴고 있어?" 엄마는 빗자루를 휘둘러 댔고, 나는 방 밖으로 도망 나오며 소리 질렀어. "쳇, 정말 깨 버릴 테다."

그러고 보니 우리 집은 마당이 없었어. 장독을 깨려면 옥상으로 가야 했지. 나는 좁은 계단을 타고 터벅터벅 올라갔어. 살짝 열린 옥상 문을 여니, 햇살이 뉘엿뉘엿 넘어가는 늦은 봄이었어. 해바라기 화단을 지나니 따끈따끈하게 데워진 장독이 구리구리한 장 냄새를 풍기고 있더라. 나는 장독 옆에 기대서 한숨을 푹 쉬었어. 막상 장독을 보니, 깰 배짱은 안 생기더라고. 깨고 나면 냄새나는 것도 치워야 하고, 이제 된장찌개도 못 먹을 거 아냐.

그때 베짱이 한 마리가 장독 뚜껑에 날아와 앉더라고. 평소 같으면

날개를 붙잡고 굻려 줄 생각을 했겠지만, 이날은 그럴 기분이 아니었어. 나는 베짱이를 불렀어.

"헤이 컴 온. 베짱이! 빨랑 이리 와 봐."

베짱이는 대답 없이 더듬이만 부지런히 움직여 댔지.

"이봐. 베짱이 씨. 내가 궁금해서 그래. 지금 내가 심심해서 죽겠거든. 엄마는 내가 아무것도 안 하고 있어서 논다고 하는데, 사실 이게 진짜 노는 건 아니잖아. 나는 지금 놀 게 없어서 괴롭다고."

베짱이는 신경도 안 썼다.

"야 이 베짱아, 너는 노는 데는 선수잖아. 그러니까 말해 줘."

베짱이는 귀찮다는 듯이 푸르릉 하고 날아갔어. 쳇, 베짱이까지 나의 말을 무시하고……. 나는 옥상 바닥에 드러누웠어. 한 손으로 깜빡깜빡하는 햇살을 가리고 이 생각 저 생각에 빠졌지. 그러곤 정말 궁금해졌어.

"논다는 것은 무얼까? 일하는 것도 아니고, 공부하는 것도 아니고, 그렇다고 잠자는 것도 아니잖아."

논다는 게 뭔데?

나는 뭔가 궁금한데 답이 안 떠오를 때는 반대말 놀이를 해. '사람'이 뭘까 궁금할 때는, 그 반대말을 생각해. 동물! 그다음엔 동물과 구별되는 사람의 특징을 찾아보지. 이런 식으로 사람이 뭘까를 알아가는 거야.

이번에도 반대말 놀이를 해 보자고. 논다는 것의 반대말은 뭘까? 1)일한다. 2)공부한다. 3)잔다. 4)심심해 죽는다. 요거 요거 고르기가 쉽지 않은데?

일단 이건 확실해. '논다'는 건 무엇보다 '일'의 반대야. 그리고 '공부'의 반대말 같기도 해. 아빠들은 직장 일이 피곤하면 말하지. "이번엔 휴가를 내서 놀아야 할 텐데." 너희들도 따분한 학원 숙제를 하면서 생각하잖아. "빨리 이것 끝내고 놀러 나가야지." 그렇지만 논다는 게 멍하니 있거나 잠만 자는 건 아니야. 심심해서 뒹굴면서 "아, 뭐 놀 거 없나?" 하는 걸 보면.

노는 건 아무것도 안 하는 상태는 아니야. 뭔가 하고 있긴 해. 그런데 특별히 어떤 결과를 만들진 않아. 성적을 올리는 공부도, 쌀이 나오는 농사도, 돈을 버는 일도 아니야. 그러면 논다는 건 뭘 하는 거지?

좋아, 이렇게 해 보자. 이건 노는 거다, 싶은 걸 하나 나한테 던져 줘 봐.

"공차기 같은 거요?"

좋았어. 나이스 패스. 숙제 딱 끝내고 운동장에서 친구들하고 공 차고 놀면 정말 재미있지.

그런데 이상한 게 있어. 삼촌이랑 너희가 공터에서 공을 차고 있으면 그건 놀이지. 하지만 건너편 철망 너머 축구 연습장에서 땀을 흘리며 연습을 하는 프로 축구 선수들은 어떨까? 키 큰 골키퍼 아저씨는 온 힘을 다해 골대 왼쪽으로 몸을 던져 공을 막아 내고 다시 오른쪽으로 쓰러지며 공을 막아. 체육복은 흙으로 범벅이 되고 기진맥진 헐떡대는데, 코치 아저씨가 호각을 불어. 빨리 일어나서 공을 막으라고.

그래, 이건 공놀이가 아니야. 코치 아저씨에게도, 골키퍼 아저씨에게도 이건 일이라고. 당장 죽을 듯 힘이 들어도 공 막는 훈련을 해야 멋진 경기를 하고, 그래야 집에 있는 아이들에게 통닭도 사다 주고 컴퓨터 게임하는 전기세도 낼 수 있는 거야. 어른은 참 힘들겠지. 안 그래?

"그러면 어른이 하는 건 다 일, 애들이 하는 건 다 놀이인가요?"

오호라. 이제 반대말 놀이, 따져 묻기 놀이에 익숙해졌는걸?

좋아. 이젠 어른들만 주인공으로 등장시켜 보자. 만약에 너희 아빠가 우리 애들 공부방 만들어 줘야지, 하면서 목수 아저씨를 불러 책장을 짜 줬다고 해. 목수 아저씨는 너희 집의 책장을 짜 주는 '일'을 하는 거야.

그런데 다음 해 봄, 그 책장에 네가 읽은 책들이 꽉 찼어. 이제 새 책장이 필요해졌다는 말씀. 그런데 이번엔 아빠 마음이 바뀌었어. 직접 책장을 만들어 주시기로 한 거야. 땀을 뻘뻘 흘리면서 나무를 나르고 옷에 톱밥을 묻혀 가며 책장을 만드시네. 엄마는 핀잔을 줘. "아니 그걸 왜 힘들게 직접 하고 그래요? 그냥 사서 쓰는 게 훨씬 싸겠네." 그렇지만 아빠는 웃으며 말해. "돈 때문에 하나? 재미있으니까 하는 거지. 이건 노는 거야."

아빠가 책꽂이를 만드는 건 일과 놀이의 중간 정도라고나 할까? 책장이라는 실용적인 결과물이 나오니 전혀 일이 아닌 건 아냐. 그렇지만 아무도 시키지 않았는데, 심지어 하지 말라고 하는데 스스로 나서서 즐겁게 나무를 자르기 때문에 놀이이기도 하지.

논다는 건 무엇보다 자발적인 행동이고, 그 자체로 즐거움을 만들어 내는 거야. 너희 아빠는 책꽂이를 얻어서 좋기도 하지만, 그걸 만드는 자체가 즐거운 거지.

"그러면 머리 아프게 심각하게 하는 건 일이고, 설렁설렁하는 건 놀이 아닐까요?"

옷 만드는 친구가 삼촌을 모델로 해서 인형을 만들어 보내 줬어. 누가 시키지도 않았고, 이걸 만들어 줬다고 밥을 얻어먹지도 못했어. 그렇다고 쉽지는 않았대. 진짜 해야 할 일보다 몇 배는 정성이 들어간 거지. 그렇다면 이걸 만든 건 일일까, 아니면 놀이일까?

그런 생각도 들지. 어떤 사람들은 놀이와 일을 구분하기 위해 '심각성'을 따지기도 해. 그런데 나는 이건 아니라고 봐. 생각해 봐. 너는 밥 먹는 것도 잊어버리고 게임을 하잖아. 사소한 실수로 게임에서 지기라도 하면 밤에 잠도 안 오고……. 사실 일보다 놀이에 더 집중하고 몰입할 때가 더 많지.

"그럼 이렇게 정리하면 되나요? 논다는 것은 무언가 생산적인 결과를 가져오지 않는데도 시간을 들여 뭔가를 하고, 그 자체로 즐거움을 만들어 내는 행동."

야, 너 똑똑하다. 그런데 혹시 너 여기에 밑줄 긋고 별표 땡땡 하고 있는 거야? 넌 노는 것도 공부하듯이 하니?

사람만 놀 줄 아나?

나는 다른 궁금증이 생겼어. 왜 사람은 놀게 되었을까. 누가 인간에게 놀이라는 걸 던져 줬지? 그냥 재미있으라고? 그때 우리 집에서 내가 키우는 고양이가 생각났어. 삼촌은 머리가 기니까 가끔 고무줄로 머리를 묶거든. 그런데 막상 찾으면 보이질 않아. 분명히 거울 앞에 놔뒀는데……. 그럴 때면 저쪽에서 번쩍번쩍하는 눈동자가 나를 보고 있어. 우리 집 고양이가 그 고무줄을 물고 이글거리는 눈으로 이렇게 말하고 있지.

"놀아~줘! 놀아~줘!"

우리 집 고양이는 고무줄만 보면 사족을 못 써요. 그걸 물었다 뱉었다 발로 때렸다, 쥐 잡이를 하듯 신 나게 놀지. 논다는 것은 사람만 누리는 특권은 아니야. 공원에 가면 강아지들이 더러운 테니스공을 물고 미친 듯이 뛰어다니고, 동물원의 침팬지도 관람객에게 엉덩이를 들이대며 낄낄거리잖아.

처음엔 이런 생각도 들었어. 이 녀석들이 사람하고 같이 붙어사니까 그걸 흉내 내는 거겠지. 아니면 주인이 훈련 삼아 시켰는데, 습관적으로 따라 하고 있든지. 그런데 TV에서 자연 다큐멘터리 프로그램을 본 뒤 생각이 바뀌었어. 북극곰 한 마리가 주인공으로 나오는데 이 녀석이 나뭇가지 하나를 입에 물고 빙글빙글 돌렸다가 하늘에 던지고 놀더라고. 그러다 피곤하면 가지고 놀던 나뭇가지를 소중히 감추어 두기도 하고. 영락없는 장난감 같더라고. 뭐야, 야생 상태의 동물들도 잘들 놀고 있는 거야?

호기심이 생겨서 책과 인터넷을 뒤져 봤어. 오호라. 정말 다들 잘도 놀고 계시더군. 어린 사막 여우는 서로 물고 뜯고 레슬링 하는 게 일과고, 어린 산양들은 깡충깡충 누가 높이 뛰나를 내기하듯 신 나게 놀아. 심지어 파리 같은 곤충,

강 속의 물고기들도 서로 몸을 맞대며 즐거움을 얻는 놀이를 한다고 해.

그러고 보니 그 기억이 떠올랐어. 예전 어느 가을에 삼촌이 양봉장에 갔을 때야. 양봉장 아저씨가 꿀벌들이 '낮놀이'를 하니 구경하래. 응? 꿀벌이 놀이를 해? 꿀벌들은 항상 꽃을 찾아 꿀을 따 오고 장수말벌로부터 집을 지키는 등 바쁘고 일만 아는 부지런함의 대명사잖아.

꿀벌들은 위윙윙 전속력으로 벌통 주변을 돌고 있었어. 저마다 질세라 상대를 따라 잡는데, 서로 부딪히는 일도 없이 씽씽씽 마치 자동차 레이싱을 하는 것 같더라고. 사실 그냥 꿀을 나르는 거라면 저만큼 빠르게 움직일 필요가 없거든. 그렇다고 전투를 하고 있는 것도 아니고. 진짜 신 나게 놀고 있더라고.

정말 논다는 것은 신기해. 이 괴상한 건 도대체 어쩌다가 생겨났을까?

사람은 왜 놀게 만들어졌을까?

이제 뒤집어 생각해 보자. 내가 조물주야. 그러니까 이 지구라는 시뮬레이션 게임을 만든 프로그래머야. 그 안에 들어 있는 동물이나 식물은 내가 조종하는 유닛들인데 기본적으로 인공지능이 있어 미리 설계된 방식대로 움직이지. 게임의 목표는 이 생명체들이 건강하게 자라나 2세를 낳고 푸른 지구를 만들어 가는 거야.

처음에는 이렇게 만들었어. 사람이든 동물이든 계속 일을 하게 만드는 거야. 하루 24시간 밤낮없이. 그런데 아이고 맙소사. 며칠 못 가서 픽식픽식 쓰러지는 거야. 아무래도 에너지를 보충할 방법이 필요하겠어. 배가 고프면 밥을 먹고, 피곤하면 잠을 자도록 하는 옵션을 추가하자. 이제 이 정도면 되겠지 싶었는데 또 이상해. 이 녀석들이 의욕이 없어. 분명히 에너지는 남아도는데 열심히 일을 하지 않아. 괜히 지들끼리 싸우기나 하고.

그렇게 골머리를 앓고 있는데, 친구가 놀러 왔어. "너, 이런 거 만드느라고 저번 별 따먹기 모임도 안 나왔구나." 그러면서 게임을 집적댔어. 그런데 맙소사. 삐링삐링 뭔가 오류가 났어. 화를 내며 다시

게임을 들여다보니, 게임 캐릭터들이 빈둥거리고 있는 거야. 어떤 놈은 오작동이 났는지 이상한 몸동작을 하며 춤을 추고 있고……. 안 되겠다 싶어 게임을 아예 처음부터 새로 만들어야 되겠다고 생각했어. 전원 버튼을 누르려는데 이 녀석들이 다시 일을 하기 시작했어. 그런데 아까보다 훨씬 활기차게 일하는 거야. 그러다 시간이 지나면 다시 쉬거나 놀고……. 이거 멋진데? 나는 만세를 불렀어.

왜 인간은 놀아야만 되도록 설계된 걸까? 너희들은 이렇게 말할 것 같아. "에이, 그냥 재미있으니까 노는 거죠." 그러면 이렇게 되물어 보자. 왜 노는 데 재미를 주었을까? 거기에는 이유가 없을까? 과일이 달콤한 것은 괜히 그런 게 아냐. 동물들이 그걸 먹고 안에 들어 있는 씨앗을 땅에 뿌려 주길 바라는 거지. 동물들이 음식을 맛있게

먹는 이유도, 그 즐거움이 있어야 먹이를 먹고 삶을 이어갈 수 있기 때문이야. 그러니까 사람이나 동물이 노는 것도 그럴 필요가 있어서 그런 거라고.

왜 놀까? 이제 거기에 대한 대답들을 하나씩 꺼내 보자.

1. 쉬지 않고 일만 할 순 없잖아—휴식

아래 사진은 영화 「모던 타임즈」에 나오는 장면이야. 쪼끄만 콧수염쟁이 찰리 채플린 아저씨가 밥벌이를 하기 위해 공장에 들어 갔는데, 독한 사장이 하루 종일 일만 시켜요. 밥 먹는 시간도 아깝다며 일하는 중간에 입에 점심을 넣어 주는 기계를 이용하기도 하지. 그래서 더 짧은 시간에 더 많은 제품을 만들었냐고? 천만에. 채플린은 나사 조이는 일을 너무 많이 해서 잠시 짬이 날 때도 나사를 조이게 되고, 결국 실수를 해서 공장의 기계 장치를 고장 내 버려.

자동차도 몇 시간 달리면 잠시라도 쉬어 줘야 하는데, 사람이라는 생명체가 일만 계속할 수는 없잖아. 적당한 휴식이 필요하지. 그런데 그냥 쉬는 것만으로는 부족해. 신기하게도 몸이나 정신이 피로할 때, 그 피곤을 일으킨 것과는 다른 행위를 하면서 즐거움을 얻으면 훨씬 쉽게 피곤이 풀리지. 공부가 끝난 뒤에 신 나게 게임 한판 하고 싶은 것도 같은 이유야.

2. 몸은 움직여야 한다, 남는 에너지는 써야 한다—잉여 에너지

삼촌이 어릴 때 밥 먹고 누워 있으면, 엄마가 소리를 질렀어. "욘석아. 밖에 나가서 뛰어. 밥 먹었으면 배 꺼뜨려야지. 그냥 누워 있으면 소 된다."

그래, 밥을 먹어 에너지원이 보충되면 일이든 놀이든 해서 그걸 순환시켜 줘야 해. 우리 몸은 휴대폰 건전지처럼 전기만 꽂아 뒀다고 해서 충전된 상태로 있지 않거든. 몸에 남아도는 에너지원이 있는데 그걸 써 버리지 않으면 그냥 뱃살이나 허벅지 살로 가 버리잖아. 그리고 열심히 몸을 움직여야 몸도 튼튼해지고 키도 자라지. 체육 선생님의 구령에 따라 체조를 하는 것도 좋지만, 같은 값이면 즐겁게 운동장에서 뛰어놀면서 몸을 단련하면 좋겠지? 이렇게 낮에 몸을 움직여 에너지를 써야 밤에 잠도 잘 오고.

3. 우리 선조들이 해 왔던 일을 반복한다—반복과 모방

삼촌의 고양이는 작은 털 뭉치를 좋아해. 어디선가 이걸 발견하면 하루 종일 물었다 던졌다 하면서 마치 쥐를 사냥하듯이 놀지. 가끔은 녀석들을 놀려 주려고 털 뭉치를 숨겼다가 다시 보여 주고, 또 숨겼다가 다시 보여 주곤 하는데 그때마다 그걸 못 잡아서 안달이 나. 엉덩이를 옴찔옴찔했다가 피융 튀어 나가는데 그 모습을 보면 정말 논다는 건 본능적이구나 하는 걸 깨닫게 돼.

사람들 몸속에도 이렇게 선조들이 해 왔던 일들이 감추어져 있대. 그래서 도망을 치거나 뒤를 쫓고, 나무 뒤에 숨거나 그걸 찾아내고, 서로 만지거나 뿌리치거나 하면 온몸에 피가 쌩쌩 돌아가. 숨어 있던 본능이 일깨워지면서 눈이 초롱초롱, 코가 발랑발랑, 굳어 있던 몸이 파릇파릇해지지. 그러면서 '정말 살아 있다는 게 이런 거구나.' 하고 깨닫게 되지.

아무래도 하루 종일 딱딱한 책상에만 앉아 있는 것은 우리 유전자의 본성과는 맞지 않거든. 그러니까 가끔은 숨바꼭질이든 보물찾기든 가슴 뛰는 놀이를 해야 마음이 편안해지는 거야.

너희들, 혹시 동생이나 다른 아기들과 놀아 본 적 있니? 그럴 때 아기들 얼굴 보면서 도리도리 짝짜꿍 하잖아. 그러면 아기들이 그걸 흉내 내며 따라 하고. 사람들은 이렇게 다른 사람이나 사물을 모방하면서 세상을 배워 가고 또 그러면서 즐거움을 얻어. 아이들은 어큰의 행동을 따라 하고, 개그맨은 유명인의 말과 행동을 모사하면서 사람들을 웃기고, 우리는 그 개그맨의 유행어를 흉내 내지.

4. 쉽고 재미있는 놀이로 미래를 준비한다—생활의 준비와 사회적 관계

너희들 조랑말 장난감 타는 놀이 해 봤어? 그 놀이가 어떻게 해서 생겨났을까? 예전에는 자동차가 없으니까 말을 타고 다녀야 했어. 그런데 그게 쉬운 일이 아니거든. 특히 아이들이 큰 말을 바로 타는 건 위험한 일이기도 하잖아. 그래서 아이들이나 처음 말타기를 배우는 사람들은 작은 조랑말을 먼저 타곤 했어. 그런데 그것도 타기 힘들 수 있어. 조랑말을 타기에도 너무 어리다거나, 조랑말을 구하기 어렵다거나, 실내에서 타야 한다거나……. 이래서 장난감 조랑말이 만들어졌지. 처음에는 막대기에 말의 머리를 붙인 모양이었다가, 나중에는 흔들의자처럼 올라타서 앞뒤로 움직일 수 있게 했대.

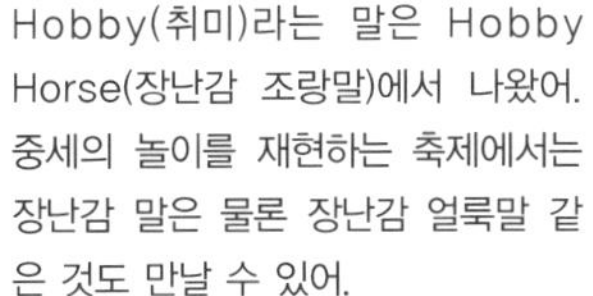

Hobby(취미)라는 말은 Hobby Horse(장난감 조랑말)에서 나왔어. 중세의 놀이를 재현하는 축제에서는 장난감 말은 물론 장난감 얼룩말 같은 것도 만날 수 있어.

조랑말을 탈 때 제일 중요한 게 뭔지 알아? "말을 꼭 잡고 있어야 해요. 균형 감각도 중요해요." 그래, 그것도 중요한데 삼촌 생각엔 말이야. 뭐니 뭐니 해도 따그닥따그닥 입으로 말발굽 소리를 내야 돼. 히히힝 말 울음소리도 내 보고……. 그래야 실감이 나고 재미있지. 조랑말 놀이는 우리가 말을 타고 싶다는 본능을 충족해 줌과 동시에, 우리가 어른이 되어 말을 타기 위한 훈련을 미리 하는 것이기도 해. 마치 어릴 때 세발자전거를 타면서, 나중에 두발자전거를 타는 훈련을 하듯이.

놀이 중에는 소꿉놀이, 「인생 게임」처럼 어른이 되어서 겪을 여러 일을 미리 해 볼 수 있게 하는 것도 많아. 그리고 여럿이 함께 놀다 보면 자연스럽게 친구를 사귀고 관계를 유지해 가는 걸 배우지. 어떤 걸 하면 안 되는지 보편적인 윤리도 놀이를 통해 배우는 게 많아.

5. 자기를 표현하고 나쁜 욕망을 대리 충족한다—자기표현과 마음의 정화

너희들, 공부하다가 쉬는 시간이 되어 놀러 나갈 때 마음이 확 해방되는 느낌이 들지 않아? 놀이는 그렇게 우리 마음을 짓눌렀던 앙금을 씻어 버리는 역할을 하기도 해. 특히 마음속에 부정적인 것을 하고 싶은 욕망이 생겼을 때 놀이를 통해 해소하기도 하지.

동생이 태어나면 형이나 누나는 서운한 마음이 생긴대. 자기만 좋아하던 엄마 아빠의 마음이 전부 동생에게 옮겨 간 것 같으니까. 그래서 동생을 한 대 쥐어박고 싶은 마음도 드는데, 정말 그렇게 하면 안 되잖아. 그런데 그때 옆에 인형이 보여. 그걸 동생이라 여기고 한 대 쥐어박아. 그랬더니 마음이 좀 풀리지. 그러면서 좀 미안한 마음도 생기고. 동생이라고 해서 불만이 없겠어? 막내라고 맨날 무시만 하고, 형과 누나들 노는 데 안 끼워 주고……. 그러면 자기가 가지고 있던 인형 중에 하나를 동생으로 만들어. 이런저런 야단도 치고, 형 흉내를 내며 꿀밤도 먹이고.

논다는 것은 이렇게 마음의 응어리를 풀어 주는 역할도 해. 진짜로 하면 큰일 날 일을, 비슷한 행동의 놀이를 하면서 욕망을 충족시켜 주는 거지. 컴퓨터 게임을 하면서 괴물을 물리치는 것도 마찬가지야. 그 괴물은 힘세고 못된 적일 수도 있지만, 잔소리만 하는 선생님이나 레슬링으로 날 괴롭히는 형이나 끝나지 않는 숙제일 수도 있어.

그렇지만 놀이가 이렇게 부정적인 감정을 발산하는 역할만 하는 건 아냐. 때론 노래하고 싶은 욕망, 그림 그리고 싶은 욕망, 춤추고 싶은 욕망, 만들고 싶은 욕망처럼 자신의 재능을 터뜨려 내는 수단이 되기도 하지. 꼭 미래의 예술가에게만 필요한 게 아니야. 어린이와 청소년 시절에 놀이를 통해 자연스럽게 이런 것들을 해 보고 재미를 알아 가야만 어른이 되었을 때 훨씬 풍요로운 취미와 문화를 즐길 수 있는 거라고.

6. 장난치고 벗어나면서 꿈을 키운다—일탈, 또는 소망의 충족

놀다 보면 가끔 내가 이래도 되나 싶을 때가 있어. 평소보다 짓궂어지기도 하고, 위험한 일도 서슴없이 하기도 하고……. 어떤 사람들은 논다는 것은 일상에서 벗어난 또 다른 세계라고 이야기해. 보통은 하지 말아야 하는 것을 서슴없이 하고, 안전하지 않다면 더 해보고 싶어지지. 이런 일탈과 장난이 더 큰 재미를 준다는 게 참 신기하지. 우리는 어떤 일이 너무 즐거울 때 깔깔깔 웃음을 터뜨리잖아. 사실 웃음이라는 것 자체가 평소와는 다른 무엇을 만났을 때 생겨나거든. 선생님이 없을 때 몰래 선생님 흉내를 내면 온 교실이 빵 터지잖아. 그 선생님이 무섭고 두려운 경우에는 더 그렇고.

놀이는 우리에게 한계를 벗어나는 티켓을 건네줘. 우리는 놀이라는 비행선을 타고 평소에는 가 닿을 수 없는 저 너머로 날아가지. 운전면허도 없는 주제에 스포츠카를 몰고 다니고, 무적의 초능력 영웅이 된 듯이 레이저 빔을 쏘고, 걸 그룹의 아이돌이 된 듯이 뻐기기도 하지. 현실에서는 이룰 수 없는 많은 일들. 놀이가 아니라면 어떻게 그 꿈을 이루겠어?

'논다는 것'은 조물주가 잘못 심어 놓은 버그 같기도 해. 그러나 이렇게 멋진 일을 하는 버그라면 그냥 놔둬도 되지 않겠어? 조물주도 인간도 동물도, 모두 횡재한 거라고.

놀지 않으면 인간이 아니라고?

네덜란드의 역사학자 중에 요한 하위징아라는 사람이 있었어. 이 학자가 젊을 때 인도 연극에 나오는 광대를 연구하더니, 나중에 인간을 '호모 루덴스(Homo Ludens)—놀이하는 인간'이라고 정의했어. 그러니까 '논다는 것'이 사람과 다른 동물을 구분하는 결정적인 요소라는 거지. 사람의 두뇌 활동 자체가 고도의 유희이고, 인간은 놀이를 통해 인생관과 세계관을 표현하는 존재라고나 할까.

신라 시대 사람들이 만든 토우야. 말을 탄 사람이 악기를 연주하거나 춤을 추고 있어. 보기만 해도 신 나지 않니?

어려운가? 쉽게 말하면 이거야.

"놀지 않으면 인간이 아니다."

정말 사람은 놀기 위해 태어난 것 같아. 다른 동물들은 배가 부르고 불안하지 않을 때만 놀거든. 하지만 인간의 아이들은 놀기 시작하면 추운 것도 배고픈 것도 잊어버리지. 가족들과 같이 시골 할머니 집에 갔을 때 그런

일 없니? 친척 아이들과 같이 산을 뛰어다니며 소나무를 탄다, 토끼를 잡는다, 솔방울로 인형을 만든다……. 그러고 있으면 엄마가 와서 야단치잖아. "너희들 당장 내려와! 계속 그러고 있으면 밥 안 줄 거야." 하지만 너희들은 그런 엄마 몰래 도망 다니는 게 더 재미있지.

하위징아가 사람을 두고 '노는 동물'이라고 했던 것은 이처럼 놀이를 끊을 수 없는 존재여서만은 아니야. 인간이 인간답게 살아가기 위해서는 생존을 넘어 문화를 일구며 살아가야 하는데, 이 문화를 만들어 낸 장본인이 놀이나 게임이라는 것이지.

변호사와 검사가 서로 다투고 재판관이 판결을 하는 재판제도. 이게 어디에서 나온 것 같아? 요즘 대학생들이 하는 모의재판하고 비슷한 유럽의 토론 게임에서 나왔대. 그 게임에는 '악마의 변호인(Devil's Advocate)'이라는 역할이 있어. 논쟁을 게임처럼 하기 위해 일부러 나쁜 생각을 편드는 입장에 서는 사람을 말하는 거야.

예를 들어 '학생은 수업 시간에 자면 안 됩니까?'라는 주제로 토론 배틀을 해. 그때 이 악마의 변호인은 일부러 '학생은 수업 시간에 자도 됩니다.'라는 입장에 서. 원래 자신의 생각은 다를 수도 있어. 그렇지만 게임이기 때문에 자기 생각이 옳다는 걸 주장하며 상대방의 허점을 마구 파고드는 거야. 아무리 옳은 생각이라도 반대 의견과 싸워서 이겨야만 진짜 옳은 의견이 된다고 생각했기 때문이야.

『이상한 나라의 앨리스』에 나오는 재판정 이야기 읽어 봤니? 정의를 가리는 심판장이라기보다는 온갖 말장난이 가득한 놀이터잖아. 그런데 사실 변호사와 검사로 역할이 나뉘는 재판제도는 이와 비슷한 토론 게임에서 유래했대.

이런 놀이에서 재판이라는 제도가 생긴 거지.

너 엄마 아빠한테 말하고 싶지? "검사나 변호사가 되려면 법률 조문을 잘 외우는 것만큼이나 놀이를 잘해야 한대요." 그런데 이거 알아 둬야 한다. 엄마 아빠도 이런 말싸움에는 만만치 않거든. 미리 잘 준비하고 이야기해야 할걸.

하위징아는 논다는 것은 마법의 원(magic circle)과 같다고도 했어. 『오즈의 마법사』의 도로시가 회오리바람에 휘말려 이상한 나라로 날아가듯이, 『이상한 나라의 앨리스』가 토끼를 따라 굴속으로 굴러 떨어지듯이, 『나니아 연대기』의 주인공들이 옷장 안을 통과해 눈의 나라로 가듯이 우리는 놀이를 통해 잠시 이 세계를 탈출했다가 돌아오는 거야.

너무 열심히 노는 애들보고 이렇게 말하잖아. "재 눈 좀 봐라. 완전 딴 세상 가 있구나." 만화책을 보거나, 컴퓨터 게임을 하거나, TV 음악 프로그램을 보며 신 나게 춤을 출 때를 생각해 봐. 오늘 숙제가 뭔지, 내일 학교에 뭘 챙겨 가야 하는지도 몰라. 지금 같이 열심히 놀고 있는 친구하고 10분 전에는 다시는 안 볼 것처럼 싸운 사실도 잊어버려. 그럴 때는 세상 전부가 내 것이고, 나를 중심으로 돌아가는 듯이 느껴지지. 그렇게 가끔씩 딴 세상으로 넘어갔다 돌아오는 것. 인간은 그걸 하지 않으면 안 되는 존재인가 봐.

어때, 오늘 하루 동안 제대로 논 시간이 얼마나 돼? 30분도 안 된다고? 어쩐지 헛산 것 같은 기분이 들지 않아?

신기하고 놀라워, 장난감의 세계

장난감은 아이들이나 가지고 노는 거라고?
천만의 말씀. 장난감은 인간이
문화생활을 즐기기 위해 만들어 낸
최고의 발명품이야.

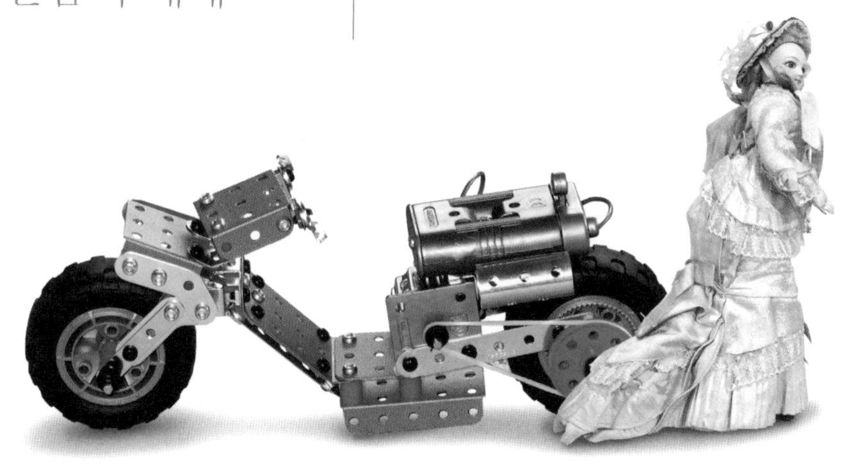

인형과 로봇

인형(人形)은 말 그대로 사람의 모양을 본떠 만든 작은 물건이야. 기원전 2천 년 전의 이집트 무덤에서 납작한 나무로 만든 인형들이 발견되었는데, 지금도 아프리카에서는 비슷한 인형을 만들곤 한대. 우리나라를 비롯한 동아시아도 만만찮은 인형의 역사를 자랑하는데, 종이나 천으로 만든 인형은 정말 정교하고 아름다워. 인형은 원래 사람을 대신하는 제사용으로 만들었는데, 점차 집 안을 장식하는 공예품이나 아이들이 가지고 노는 장난감이 되었지.

지금처럼 대량 생산된 인형을 가지고 놀게 된 것은 15세기 독일에서부터야. 아이들은 인형의 옷을 갈아입히고 인형이 사는 집과 가구들을 장만하는 재미에 푹 빠지게 되었지. 1970년대 일본에서 「마징가 Z」 같은 애니메이션이 인기를 끌면서 로봇 인형의 시대가 열렸어.

만들었다 부쉈다, 조립 블록 레고

어릴 때 혹시 나무나 돌로 된 작은 블록을 가지고 집도 만들고 성을 쌓아 본 적 없니? 정말 재미있는 일이지. 그런데 이런 생각이 들지 않았어? 이 블록들을 붙였다 뗐다 할 수는 없을까?

그러면 내가 상상하는 온갖 물건들을 만들 수 있을 텐데.

덴마크의 목수 크리스찬센 아저씨는 가구를 만들고 남은 나무 조각들로 인형과 작은 가구를 만들었어. 그런데 이걸 동네 아이들이 무척 좋아하는 거야. 이래서 태어난 게 '레고'라는 조립 블록 장난감이야. 처음에는 나무로 만들었다가 나중에는 플라스틱으로 바뀌었는데, 원리는 간단해. 올록볼록 요철이 있는 알록달록한 블록을 끼웠다 뺐다 할 수 있게 만든 거야. 그 작은 블록들만으로 마을과 도시, 우주 공간과 비행사, 기차와 자동차, 바이킹과 카우보이, 타지마할과 쥬라기 공원까지 우리 방 안에 펼쳐 놓을 수 있다고.

내가 만든 장난감이 움직인다, 과학 장난감 메카노

리버풀에서 태어난 프랭크 혼비 아저씨는 처음에는 모형 철도를 만들기 시작했어. 작은 철로를 만들고 그 위에 꼬마 기차가 달려갈 수 있게 한 거야. 그러다가 온갖 부속품으로 기차, 철도, 교량, 자동차를 만들고 건전지로 움직이는 조립 장난감 메카노를 탄생시켰어. 꼬마들은 물론 어른들까지 즐겁게 과학을 배우게 하는 놀라운 장난감이지. 영국의 방송사 BBC에서는 메카노의 재료만으로 리버풀 운하에 실물 크기의 다리를 놓는 프로그램을 방영하기도 했어.

이 세상
놀기 챔피언은 누구?

"산중호걸이라 하는 호랑님의 생일날이 되어, 각색 짐승 공원에 모여 무도회가 열렸네. 토끼는 춤추고 여우는 바이올린 찐~짠 찌가찌가찐짠 찐짠 찐짠 하더라. 그중에 한 놈이 잘난 체하면서 까~불 까불까불 까불까불 까불 하더라."

이 노래 신 나지 않아? 갖가지 동물들이 모여서 「슈퍼스타 K」처럼 누가 누가 잘 노나 시합을 하는 거잖아. 정말 이런 대회가 벌어진다면 우승자는 누굴까? 막춤의 대가 침팬지? 자기 꼬리잡기의 달인 강아지? 하루 종일 팔랑대는 호랑나비? 천만에. 심사 위원 점수, 문자 투표, 다 필요 없어. 당연히 1등은? 사람이야! 피곤하면 피곤하다고 놀고, 울적하면 울적하다고 놀고, 슬프면 슬프다고 놀기까지 하거든. 단군신화의 곰도 사람처럼 놀고 싶어서 백일 동안 마늘만 먹고 지냈는지도 몰라.

사람은 다른 동물들은 상대도 안 될 만큼 많은 놀이를 즐기고 있는데, 이제 우리에게 이 신 나는 놀이를 발명해 주신 멋진 분들을 만나러 가 보자. 그러려면 아주 오랜 옛날로 날아가야 해. 호랑이 담배 피우던 시절은 아니고, 수염투성이 아빠가 멧돼지를 뒤쫓고 더벅머리 엄마가 도토리를 줍던 때야. 바로 인류가 수렵 채집을 하던 시절이지.

하루하루의 식량을 걱정할 만큼 배고프던 때였지만, 밤낮으로 죽어라 일을 하지는 않았어. 아니 하고 싶어도 그럴 수 없었지. 비가 억수같이 쏟아지거나 지독히도 추운 날은 동굴에 처박혀 그저 모닥불만 피워 놓고 긴긴 하루를 보내야 했어.

사실 엄청 심심했을 거야. TV나 게임기도 없고, 만화책이나 동화책도 없어. 보는 사람도 맨날 보는 친척들뿐이고……. 그러다가 누군가 벽에 그림을 그렸어. 자기 부족들이 큰 짐승을 두고 사냥하는 모습이었는데. 그게 바로 알타미라 벽화지. 도대체 이걸 왜 그렸을까? 여러 의견이 있어. 자기들이 그 짐승을 잡았다고 자랑하려고 그렸다. 다음번에 사냥을 잘하기 위해 작전을 짜려고 그렸다. 길고 긴 겨울밤 진짜 사냥을 못 하니 갑갑한 마음을 달래려고 그렸다. 근데 내 생각엔 그냥 심심해서 그린 것도 같아.

그러다가 드디어 날이 따뜻해졌어. 주워 놓은 도토리만 먹다가 염소 똥만 싸고, 얼굴이 노래져 나자빠지기 일보 직전이었지. 야호! 모두들 튀어 나가서 필사적으로 멧돼지를 쫓았어. 그리고 큼지막한 놈을 잡았지. 좋아. 오늘 저녁은 고기 파티다. 모닥불을 피워 고기를 구웠어. 그리고 이걸 잡게 해 준 신령님께 감사도 드릴 겸, 기도를 하며 그 주위를 빙글빙글 돌기 시작했지. 누군가 낮에 했던 사냥을 흉내 냈어. 또 누군가 도망가는 짐승을 흉내 내며 네 발로 뛰었어. 사람들은 킬킬거렸어. 그러다 누군가 나무를 두드리기 시작했고. 신

난다며 발을 두드리는 사람도 있었을 거야. 에헤야디야. 엉덩이를 씰룩씰룩 춤을 추고 노래도 하고. 이렇게 놀이라는 게 시작된 거지.

그런데 신기한 일이 벌어졌어. 부족의 꼬마가 고기 조각을 얻어먹고 어른들을 흉내 내며 춤을 추다가, 바닥에서 뭔가를 툭 하고 찼어. 그게 바로 이거야.

이게 뭘까? 원시인 꼬마는 몰랐어. 하지만 우리는 알아. 그래, 주사위 같지 않아? 우리가 게임할 때 던지는 것 말이야.

귀신이 곡할 노릇이네. 이게 왜 이 시대에 있는 거야? 누군가 시간 여행이라도 하다가 떨어뜨린 걸까?

주사위가 만들어 낸 게임의 세계

멀게는 기원전 10세기의 이집트까지 거슬러 올라가. 더 확실하게는 기원전 4세기의 메소포타미아, 키예프 등지에서 찾을 수 있지. 세계 여러 지역에서 발견된 옛 사람들의 무덤에서 공통적으로 이 물건이 나왔대. 손가락 한 마디 정도의 작고 가벼운 뼈 같은데, 모서리가 반들반들하게 다듬어져 있어. 던지면 평평한 면이 딱 서게 되어 있어 영락없는 주사위 같아.

좋아, 누군가 천재적인 사람이 주사위를 발명했다고 쳐. 수천 킬로미터나 떨어진, 산 넘고 바다 건너고 사막을 헤치고 가야 하는 곳의 사람들이 어떻게 같은 게임 도구를 가지고 있었을까? 심지어 아메리카 인디언의 선사 시대 무덤에도 비슷한 게 발견되었어. 혹시 외계인이 돌아다니면서 팔았나?

고고학자들은 그 뼈의 성분을 조사를 했지. 그랬더니 굽이 있는 동물, 그러니까 양이나 말의 관절 사이에 있는 너클본이라는 뼈라는 게 밝혀졌어. 그리고 생물학 도감을 펼치고 그 뼈의 모양을 확인했어. "그랬구나." 그때야 딱 감이 왔어. 원래 이 뼈가 이런 모양으로 생긴 거야.

아마도 원시인들이 지난 가을에 양이나 말고기를 먹고 남은 뼈다귀를 굴 밖에 내팽개쳐 뒀겠지. 지나가던 개미들이 남은 살점을 쪽쪽 빨아먹었을 거고, 비에 씻기고 햇볕에 마르고 나니 뼈들이 흩어져 굴러다녔을 거야. 그러다가 원시인 꼬마가 이걸 발견한 거야. 이거 신기하다 싶어 가지고 놀기 시작했어. 그런데 이 뼈에는 묘한 특징이 있어. 모서리가 동글동글 부드럽기는 해도 면이 있어 굴러가다가 딱 서게 돼.

어느 날 삼돌이가 이 돌을 들고 장난을 치고 있었어. 비가 와서 사냥도 못 하고 심심해 죽겠는데, 마음에 둔 삼순이는 자기 마음을 아는지 모르는지……. 에라, 오늘 고백해 버릴까? 그러다 된통 차이면 어떻게 하지? 가슴이 타 들어가. 차라리 누가 대신 결정 좀 해 줬으면 좋겠는데……. 그러다 손에 든 뼈를 보게 되었어. 그래 이걸

프랑스의 갈로로망 문화박물관에 있는 로마 시대 때의 주사위들이야. 모양이 조금씩 다르긴 하지만 지금 우리가 갖고 노는 주사위와 비슷하지.

던져서 이쪽 면이 나오면 고백하고, 다른 쪽 면이 나오면 고백하지 말자.

"주사위는 던져졌다." 로마 시대의 유명한 장군 율리우스 카이사르가 루비콘 강을 건너 로마로 진격할 때 했던 말이야. 주사위는 처음에는 점을 치는 데 사용했대. 사냥하러 동쪽으로 갈까 서쪽으로 갈까, 여기에 움막을 지을까 말까, 언덕 위의 멧돼지와 싸울까 도망갈까……. 살다 보면 뭔가 결정해야 할 일은 많은데, 사실 이러지도 저러지도 못하고 고민만 하고 있을 수는 없잖아. 죽이 되든 밥이 되

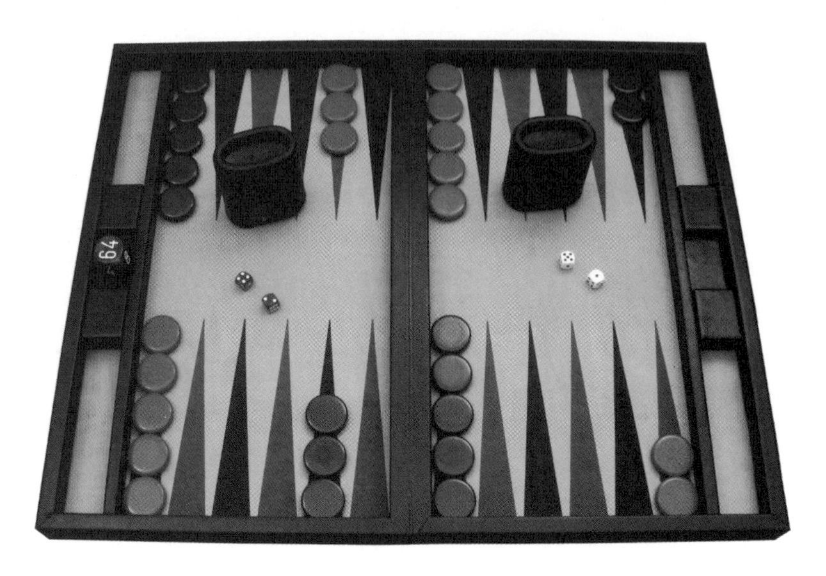

지금으로부터 5천 년 전부터 즐겨 왔던, 세계에서 가장 오래된 게임 중의 하나인 백개먼이야. 중동 지역에서 처음 생겨났고, 지금은 전 세계에서 사랑받고 있어. 서로 마주 본 두 사람이 주사위를 굴려 그 숫자의 합으로 자신의 말을 움직이고, 먼저 모든 말을 탈출시킨 사람이 이기는 방식이야.

든 결정을 내리고 행동에 옮겨야지. 그때 주사위를 던진 거야.

그러다가 점차 게임 도구로 쓰기 시작했어. 간단하게는 정육면체의 주사위 각 면에 1~6까지 숫자를 적어 놓고, 더 큰 숫자가 나오는 사람이 이기게 만드는 거야. 기원전 3천 년 전후에 있었던 이란의 어느 도시 유적에는 '백개먼(backammon)'이라는 게임 세트와 함께 주사위가 나왔는데, 이미 이때는 주사위 두 개를 던져 나온 숫자의 합으로 더 복잡한 게임을 즐기고 있었다고 해.

인류는 유인원 시절부터 몸과 간단한 도구를 써서 뛰어노는 놀이를 즐겨 왔어. 그리고 이제 어떤 규칙에 따라 서로 승패를 가르는 '게임'을 하게 된 거야. 문명이 발전한 부족일수록 더 다채롭고 복잡한 게임을 즐겨 왔지.

우리 조상들도 노는 데 있어서는 절대 뒤지지 않았어. 통일신라 시대 수도였던 경주에 안압지라는 연못이 있어. 여기 근처에서 주사위가 발견되었는데, 정말 세계에서도 찾기 어려운 기묘한 모양이었어. 보통 주사위처럼 면이 6개가 아니라 14개야. 사각형 면 6개, 육각형 면 8개로 이뤄진 14면체 주사위라는 거지. 더 이상한 것은 거기에 숫자가 아니라, 글자가 적혀 있어. 그 내용이 이래.

'여러 사람이 코 때리기.' '소리 내지 않고 춤추기.' '술 석 잔 한 번에 마시기.'

그러니까 신라 시대 사람들이 연못 근처에 모여 띵까띵까 놀았겠지. 좀 더 재미있는 게 없을까 해서 누군가 벌칙을 정해서 놀려 먹자라고 생각했겠지. 그러면 그 벌칙은 어떻게 정하냐? 이 주사위를 굴려서 나오는 벌칙대로 했다는 거지. 우리가 소풍을 가서 벌칙 게임을 하며 놀듯이 말이야.

노는 방법도 가지가지

그냥 흥겨워서 벌이는 잔치든, 정교한 룰을 가지고 승부를 가리는 게임이든 인류는 수많은 놀이를 개발해서 즐겨 왔어. 신기하게도 우리가 가장 잘 알고 있는 놀이들은 국경과 바다를 넘어 많은 곳에서 즐기고 있기도 해. 주사위, 줄넘기, 공놀이, 박수 치기 같은 것들 말이야. 인터넷도 전화도 없던 수천 년 전부터 이런 문화가 교류되어 왔다니, 뭔가 재미있는 걸 보면 따라 하고 싶은 마음이 한결같다는 거겠지?

삼촌은 외국 여행 하는 걸 좋아하는데, 아주 저렴하게 움직이는 가난뱅이 여행자지. 그래서 호텔이 아닌 아주 싼 여행자 숙소에서 머무는 경우가 많아. 이런 숙소는 네 개 이상의 침대를 좁은 방에 놓아두어서, 방에서는 잠만 자고 다른 때는 몸을 쏙 빼서 나와야 해. 대신 공동 휴게실이 있어서 인터넷도 하고 낯선 친구들과 대화도 나누곤 하지.

언젠가 동유럽의 어느 도시에 갔을 때였는데 그날따라 날씨는 춥고 비까지 내려 다들 바깥에 나갈 생각을 안 하는 거야. 나도 휴게실 바닥에 주저앉아 시간을 때우고 있었는데, 마침 가방에 있던 조약돌 몇 개를 찾았어. 그 전날 근처 바닷가에 갔다가 예뻐서 주웠던 거지.

나는 그 돌을 가지고 다른 한국 여행객을 불러 모아 공기놀이를 시작했어. 그런데 영국에서 온 친구랑, 아르헨티나에서 온 친구가 옆으로 슬그머니 오는 거야. 자기도 그거 할 줄 안다고.

알고 보니 공기놀이는 주사위보다도 더 전부터 세계 곳곳에서 하던 놀이래. 영어를 쓰는 친구들은 Jacks 또는 Five-stones라고 부르더군. 작은 돌, 조개껍데기, 바둑알, 도토리 등 고만고만한 크기의 물건이면 뭐든 사용할 수 있지. 주사위를 만들 때 쓰는 너클본 뼈를 공기놀이에 쓰는 지역도 많았는데, 몽골이나 네팔의 아이들은 아직도 그 뼈를 가지고 논다고 해. 그런데 내가 본 바로는 공기놀이는 한국 여자들이 제일 잘하는 거 같아. 오른손과 왼손을 동시에 써서 다섯 개씩 돌을 집어던지고 낚아채는 솜씨에 다들 박수를 치고 난리가 났어.

가장 단순하면서도 국제적인 게임으로는 가위바위보도 빠뜨릴 수 없지. 중국에서는 기원전 200년 경 한나라 때부터 해 온 게임인데, 영어권에서는 'Rock(바위),

「너클본 게임」(부분), 장 밥티스트 시메옹 샤르댕, 1734년.

Paper(종이), Scissor(가위)'라는 이름으로 불리고 있어.

숨바꼭질은 고대 그리스에서부터 해 왔던 놀이로 여러 가지 변형된 게임들이 있어. 『햄릿』을 비롯한 셰익스피어의 희곡에서도 이와 비슷한 '나 잡아 봐라' 류의 놀이들이 나오지.

더 활동적인 놀이에는 전투나 사냥 훈련을 겸해서 하던 것들이 많아. 고대 이집트의 아이들은 레슬링, 돌 던지기, 나일 강에서 수영하기 등을 하면서 놀았다고 해. 세계 여러 나라에서 사냥 연습을 겸해서 막대기를 던지는 놀이를 했는데, 오스트레일리아 원주민들이 이 놀이를 발전시켜 집어던지면 돌아오는 부메랑을 만든 게 기원전 8천 년 전이라나. 활 쏘는 데 일가견이 있던 우리나라에서는 화살을 통에 넣는 투호라는 게임을 했어. 연날리기, 도미노, 요요 같은 놀이는 중국과 동양에서 만들어져 세계로 퍼져 나간 것들이야.

아프리카 사람들은 춤과 노래라면 빠지지 않지. 특히 일을 하면서도 이런 흥겨운 분위기를 이어나가길 좋아했어. 농사나 힘쓰는 일을 할 때는 리더가 먼저 노래를 해. 그러면 같이 일하는 사람들이 따라 부르는데 이걸 발전시키면 말과 노래와 율동을 주고받는 방식의 게임이 만들어지는 거야. '아이 엠 그라운드 자기 소개 하기' 같은 게임이 이런 부류야.

「비눗방울을 부는 두 소녀」(부분), 야코프 마리, 1844년.

정말 놀이의 세계는 무궁무진한 것 같지 않아? 맨손으로 놀기, 도구를 가지고 놀기, 퍼즐을 풀며 놀기, 대화하며 놀기, 탐구하며 놀기……. 너희들이 즐기는 놀이는 어디에 해당될까?

- 맨손으로 놀기 : 춤추기, 흉내 내기
- 말로 놀기: 말장난, 끝말잇기
- 손으로 물건 가지고 놀기: 공기놀이, 주사위 놀이
- 자연 속에서 놀기: 갈대배 만들기, 나무 이름 짓기, 모래성 쌓기
- 야외에서 도구로 놀기: 자치기, 그네, 시소, 줄넘기
- 자연 원리를 이용해 놀기: 연날리기, 비눗방울 놀이, 그림자놀이
- 모형으로 놀기: 장난감 기차, 레고 블록 쌓기
- 여럿이 같이 놀기: 숨바꼭질, 무궁화 꽃이 피었습니다, 말뚝박기
- 머리 쓰며 놀기: 윷놀이, 마피아 게임, 카드 게임

도구가 없으면 상상력으로 논다

삼촌이 어릴 때 친구들이랑 이런 걸로 다툰 적이 있어. "세상에서 제일 재미있는 놀이가 뭘까?" 어떤 친구는 카드 게임이라고 했지. 공부는 정말 하기 싫은데, 그것만 하면 머리가 팽팽 돌아간다고. 어떤 친구는 축구하는 게 제일 재미있다고 했어. 공을 뻥 차서 골대에

넣을 때도 재미있지만, 멋지게 드리블해서 상대방을 제쳤을 때가 그렇게 좋대. 어떤 친구는 로봇 장난감을 모아서 다른 친구들한테 자랑할 때가 제일 재미있다나?

사실 이건 투표로 순위를 정할 문제는 아니야. '무얼' 하고 노느냐 만큼이나, '누가' 노느냐에 따라 그 즐거움에 큰 차이가 생기니까. 아무래도 운동 신경이 발달한 친구들은 바깥에서 뛰어노는 놀이를 좋아하겠지. 손재주가 뛰어나면서 참을성 있는 친구들은 모형 비행기나 연날리기 같은 걸 즐길 테고, 기억력이 뛰어난 친구들은 카드 게임을 할 때 신이 날 거야. 그래서 누구든 자기와 잘 맞는 놀이를 찾고, 자신과 즐겁게 놀 친구를 찾는 게 중요하지.

그런데 놀이를 정말 재미있게 만드는 게 뭔지 알아? 그건 게임 도구가 아니라 바로 상상력이야. '무엇'을 갖고 노느냐가 아니라 '어떻게' 노느냐를 알아내야지. 그러면 별다른 게임 도구가 없는데도 재미있게 노는 방법을 찾아낼 수 있어. SF 애니메이션에 나오는 광선검이나 레이저 총 따위가 있으면 폼이 나지. 친구들에게 자랑도 할 수 있고. 그런데 이렇게 정확한 용도와 형태를 띤 것들로는 정해진 어떤 놀이를 할 수밖에 없어.

그런데 우리가 시골 할머니 집에 내려갔다고 생각해 봐. 급하게 내려와서 게임 도구를 하나도 챙겨 오지 못했어. 그때 뒷마당에 있는 나무 뭉치를 발견한 거야. 여기에 우리의 상상력을 뿌려 보자고.

나무 조각이 장난감 기차가 되고, 특수 기지를 짓는 벽돌이 되고, 화폐로도 변신하지.

삼촌이 아는 분은 아이들이 커서 못 입게 된 옷으로 인형을 만드는데, 적당히 몸의 형체만 만들어 아이에게 줘. 그러면 아이가 헌옷으로 만든 인형에 직접 그림을 그려 넣어, 삐뚤빼뚤. 솔직히 말해 백화점에서 사 온 인형만큼 예쁘지는 않아. 그런데도 아이는 그 인형이 정말 좋은가 봐. 나는 짓궂게 물어보지. "야, 한쪽 눈만 왜 이리 크냐?" 아이는 골똘히 생각하다가 말을 해. "못된 마법사가 이렇게 만들었어." "그러면 배에 있는 이 단추는 뭐야?" "그건 누르면 안 돼. 레이저 빔이 나온다고. 이거 봐. 푸슝!" 그러고는 자기가 한 말

에 취해 깔깔깔 웃으며 놀기 시작하지. 우리는 이렇게 뭔가 부족한 상태에서는 자연스럽게 '이야기'를 동원하게 돼. 모든 것이 완벽하게 갖춰진 게임보다 우리가 뭔가 많이 바꿀 수 있는 게임이 오히려 흥미진진해지는 거지.

내가 놀라운 마술을 보여 줄까? 지금 네 주변에 있는 친구나 가족을 불러 모아 봐. 서로 양 주먹을 쥐고 겹쳐서 가능한 높게 쌓는 거야. 몇 층까지 쌓았어? 3명이니까 6층으로 끝이라고? 하하, 이렇게 해 봐. 제일 밑에 있는 주먹을 빼서 제일 위로 올려 봐. 더 높아졌지. 또 제일 밑의 주먹을 빼서 제일 위로 올려. 그렇게 하면 달나라까지 탑을 쌓을 수 있어. 말도 안 된다고? 그래, 논다는 건 말도 안 되는 걸 되게 만드는 거야.

『허풍선이 남작의 모험』에 이런 비슷한 이야기가 나와. 허풍선이 남작이 달나라의 끝까지 쫓겨 가서 더 이상 달아날 데가 없게 되었어. 결국 밧줄을 타고 지구로 내려오게 되는데, 그 줄이 너무 짧아. 어떻게 했냐고? 위의 줄을 끊어서 아래로 붙이고, 다시 끝에 닿으면 위의 줄을 끊어서 아래로 붙

「그림자놀이, 토끼」(부분),
페르디낭 뒤 퓌고도.

였지. 말도 안 된다고? 그렇지만 웃기잖아. 우리가 알고 있는 물리 법칙까지 흔들어 버리는 것. 그게 이야기고 그게 노는 거야.

만약 너희들한테 하루 종일 마음껏 놀라고 시간을 준단 말이야. 그런데 컴퓨터, TV, 게임기, 휴대폰처럼 전기를 쓰는 도구나 보드게임은 절대 쓰면 안 된다고 해. 그러면 너희는 소리 지르겠지. "어떻게 놀아요? 이건 고문이야." 하지만 말이야. 그렇게 버둥버둥거리다가도 30분만 지나면 너희들 중 누군가 놀잇거리를 만들어 낼 거야. 다른 친구들도 어느새 옆으로 와서 그 놀이를 위한 아이디어를 내고.

원래 인간은 노는 일에는 엄청난 창의성을 발휘하는 동물이거든. 전쟁 때 포탄으로 무너진 건물들 사이에서도 아이들은 깡통이며 탄피 같은 걸 주워 와 놀곤 했어. 도구가 없으면 손과 발, 목소리와 손뼉으로도 재미있게 놀았지. 그게 동물과 인간의 다른 점이야. 동물은 배가 고프고 불안하면 놀지 않아. 바짝 긴장해서 웅크리고 으르렁거리지. 하지만 사람들은 아무리 힘든 상황에서도 놀려고 해. 논다는 것은 살아 있다는 증거, 미래에 대해 희망을 가진다는 것과 같거든.

머리가 반짝반짝, 두뇌 게임들

놀기만 해도 머리가 좋아진다? 이런 꿈같은 일이 가능할까?
사실 머리를 쓰지 않으면 절대 즐길 수 없는 놀이들도 있어.
두뇌의 발달을 위해서,
혹은 두뇌의 대결을 위해 만들어진 게임들이지.

수수께끼와 퍼즐

너희들 스핑크스 이야기 알지? 고대 이집트의 피라미드 앞에 있던 괴물인데, 지나가는 사람들에게 수수께끼를 내서 못 맞히면 잡아먹었다고 하잖아. 무슨 문제 풀이에 목숨을 거냐 싶겠지만, 사람들은 누구든 이런 식으로 흥미로운 문제를 내고 맞히는 걸 좋아한단 말이야. 우리가 신문이나 잡지에서 흔히 보는 '십자말풀이'도 이와 비슷한 거야. 19세기 이탈리아에서 처음 등장했는데, 지금은 세계 곳곳의 사람들이 이를 통해 즐겁게 어휘와 상식을 익히고 있어.

'직소 퍼즐'은 사진이나 그림을 작은 조각으로 나눈 다음에 그걸 한 조각씩 맞추는 거야. 지금은 단단한 종이를 사용하지만, 원래는 나무를 단순한 사각형 모양으로 톱질해서 만들었어. 그래서 직소(Jigsaw=톱) 퍼즐이라고 불리지. 1974년 헝가리의 조각가이자 건축학 교수인 에르노 루빅이 만든 '루빅스 큐브'는 여러 가지 색으로 된 정육면체의 퍼즐을 맞추는 3차원 퍼즐이야. 누가 빨리 맞추느냐를 가지고 세계 대회가 벌어지기도 하지.

바둑이냐 체스냐

서로의 두뇌를 본격적으로 다투려면 역시 대결 모드여야 할까? 동서양의 어느 문화든 두 사람 이상이 마주앉아 즐기는 두뇌 게임을 즐겨 왔어. 동양에서는 역시 바둑이지. 가로 세로 19줄씩 있는 나무 판에 까만 돌과 흰 돌을 번갈아 두면서 서로 많은 집을 차지하는 게임이야. 바둑의 원리는 단순하지만 그 안에 등장하는 수는 무궁무진하다고 해. 벌써 2천 년 이상의 역사를 거쳐 왔는데, 지금은 한국 중국 일본이 팽팽하게 맞서며 바둑 삼국지를 만들고 있지.

서양 사람들은 동양의 장기와 비슷한 체스 게임을 좋아해. 바둑에서는 각각의 돌이 똑같은 능력을 가지고 있지만, 체스에서는 여왕, 기사, 성주 등 말에 따라 능력이 달라. 그런 말을 움직이며 상대 말을 잡다가 왕을 먼저 잡는 사람이 이기지. 어떻게 보면 체스가 더 복잡해 보이지만, 바둑에 비해 수는 훨씬 단순해. 컴퓨터를 개발하는 사람들은 그 성능을 테스트하기 위해 인간과 게임을 벌이기도 하거든. 어떤 슈퍼컴퓨터는 세계 체스 챔피언을 상대로 해서 이기기도 하지만, 바둑으로는 고수들을 상대할 수 없다고 해.

현대의 보드게임

어떤 판 위에서 정해진 도구와 규칙을 가지고 승부를 가르는 게임을 보드게임이라고 해. 바둑이나 체스도 넓은 의미에서는 보드게임이라 할 수 있어. 이런 고전 게임들도 재미있지만, 최근에 생겨난 색다른 테마의 보드게임들을 함께 해 보는 건 어떨까?

「카탄」은 육각형 모양의 타일을 이어 붙인 섬에서 주어진 자원으로 빨리 성장하는 게 목표인 게임이야. 「카르카손」이라는 게임은 중세의 성곽 도시를 배경으로 하는데, 여러 사람이 하나씩 타일을 이어 붙이면서 지형을 만들어 가. 그 과정에서 성이나 길을 완성하면 점수를 얻지. 이런 게임에서 이기려면 운도 따라야 하지만, 자신에게 주어진 운을 어떻게 활용하느냐가 아주 중요해. 그리고 게임을 하면서 상대방과 대화를 많이 나누게 되기 때문에, 낯선 사람과 친구가 되기에도 아주 좋은 도구지.

노는 시간이 아깝다?

내가 이렇게 신 나게 노는 방법에 대해 이야기했더니 여기저기서 푸념 소리가 들려와.

"누가 놀 줄 몰라서 못 놀아요? 다들 못 놀게 하잖아요. 부모님도 선생님도."

하긴 지구상에 인간이 존재해 온 이래로 논다는 게 좋은 대접을 받은 적은 거의 없어. 인간은 끝없이 유희를 즐겨 왔지만, 다른 한편으로는 이런 놀이를 천시하고 억압하는 일도 계속 있었지.

우리 옛 속담에 "바둑 두다가 도끼 자루 썩는 줄 모른다."라는 말도 있지. 누군가 천하태평하게 놀고 있으면 "신선놀음하고 있네."라고 비아냥거리기도 했고. 서양에서도 사정이 크게 다르지 않았어. 17세기 영국의 철학자 존 로크는 놀이란 아둔함, 시간 낭비, 심지어는 죄악이라고까지 했지. 이런 생각은 19세기에 가서야 바뀌게 되었는데, 찰스 디킨스의 『크리스마스 캐럴』이라는 소설 알지? 거기에서 죽도록 일만 하는 수전노 스크루지가 조카의 아이들이 즐겁게 게임하며 행복해하는 모습을 보며 충격을 받지.

20세기 이후에는 놀이에 대한 생각들이 많이 바뀌게 되었어. 아이들을 책상머리에 앉혀 두기만 해서는 제대로 자라날 수 없다는 생각

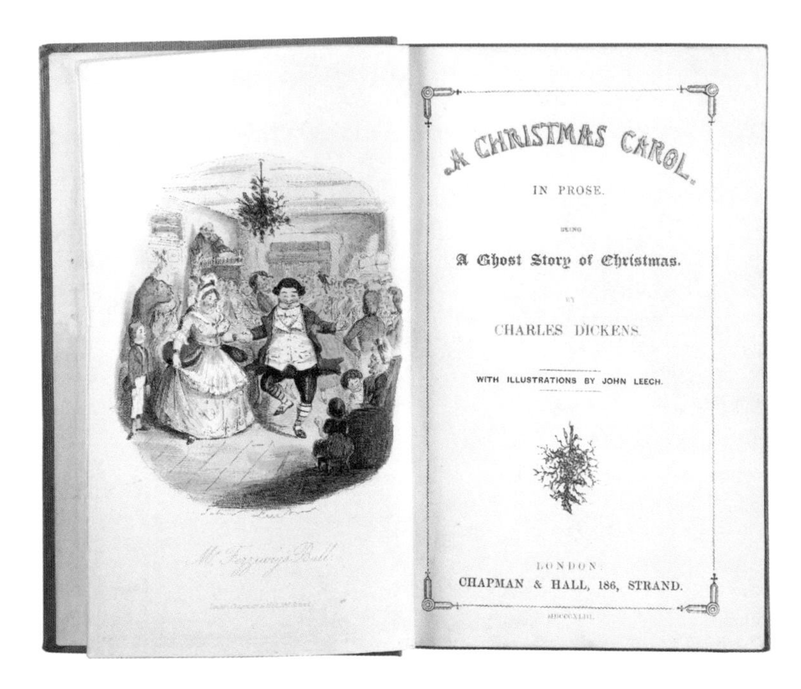

1843년에 나온 찰스 디킨스의 소설 『크리스마스 캐럴』. 일만 알던 수전노 스크루지 할아버지는 유령의 도움으로 함께 노는 것의 중요함을 깨닫게 되지.

이 널리 퍼져 나갔지. 경제적인 여유가 생기면서 아이와 어른의 중간 단계인 청소년 시기가 길어지기도 했는데, 공부와 자기계발을 하며 인생을 차분하게 준비할 수 있도록 하자는 거였지. 그런데도 이상하게 우리들이 놀 수 있는 시간은 점점 줄어들고 있는 것 같아. 왜 그럴까? 그건 여전히 논다는 것은 시간 낭비라는 생각이 널리 퍼져 있기 때문이겠지.

미하엘 엔데의 환상소설 『모모』에는 시간 저축 은행이 나와. 이 은행의 영업 사원은 사람들을 찾아와 무조건 시간을 아끼라고 하지. 그래야 출세도 하고 돈도 벌고 행복해진다고. 그런데 우리가 논다는 것에 건네준 시간들 말이야. 그건 그저 길바닥에 내던져 버린 시간일까?

놀면서 배운다, 꿩 먹고 알 먹고

삼촌이 어릴 때 이런 노래를 불렀어. "노나 공부하나 마찬가지다. 아니다. 노는 게 더 좋다." 그런데 이제 그 가사를 이렇게 바꿔 부르고 싶어. "노나 공부하나 마찬가지다. 아니다. 놀면서 배운다."

쪼끄만 꼬마들은 어떻게 몸을 쓰는 걸 배울까? 엄마의 모습을 보면서 배워. 도리도리 짝짜꿍, 유치해 보이지만 이런 놀이 없이는 어떤 인간도 제대로 자랄 수가 없어. 박수 치는 게임, 별거 아니라 생각하지? 그런데 어릴 때 이걸 안 하면, 어른이 되어서 함께 힘쓰는 일은 할 수 없어. 모두가 같이 힘을 모아 줄을 끌어야 한다고 생각해 봐. 하나 둘 셋 하는데 '셋!'에 타이밍을 못 맞추면 힘을 쓸 수가 없잖아. 이 능력을 박수 치고 노래하면서 즐겁게 배우는 거지.

몸에 유용한 근육을 만들기 위해서는 반복된 연습으로 온몸의 기능을 단련하는 게 중요한데, 그냥 같은 동작을 무한 반복하는 건 너무 힘들어. 그걸 놀이로 만들면 훨씬 오래 해도 지치지 않지.

놀이는 또한 기억력, 판단력, 집중력, 절제력을 키우는 데 크게 도움을 준다고 해. 요즘에는 대여섯 살 아이도 컴퓨터를 켜더니 탁탁 버튼을 눌러서 하고 싶은 게임을 하더라고. 영어는커녕 한글도 잘 모르면서도 그건 용케 기억하지. 놀이가 재미있으니 그 방법을 외우고 익히는 데 훨씬 큰 관심을 보이는 거야.

기억에도 여러 종류가 있는데, 우리가 책을 통해 배운 기억은 바깥에서 들이부은 거라 몇 번을 반복해야 외울 수 있대. 하지만 실제로 체험한 것은 안에서 생성해 낸 기억이라 훨씬 생생하게 기억할 수 있어. 우리의 놀이는 많은 경우, 직접 몸으로 겪고 스스로 판단하게 만들어. 그러니 그렇게 안 것들은 훨씬 또렷하게 몸 안에 남아 있겠지. 자전거 타기나 뜀틀 뛰기를 생각해 봐. 배우기는 어렵지만, 몸에 쏙 들어오기만 하면 다음부터는 아주 쉽게 할 수 있잖아.

우리는 놀이를 통해 자연을 아주 풍부하게 느낄 수도 있어. 비눗방울 놀이를 하며 중력을 거스르는 공기의 흐름을 알아내고, 바닷가에서 모래성을 쌓으며 단단한 집을 짓는 게 얼마나 어려운 일인가를 깨닫지. 계절, 시간, 곤충, 동물, 식물, 흙, 물, 공기, 바람 등 수많은 것이 놀이를 통해 우리의 몸 안으로 쏙 들어온다고.

또한 여러 놀이는 우리가 좀 더 커서 해야 할 일, 혹은 하고 싶은 일을 미리 해 볼 수 있게 해 줘. 인형 놀이를 아주 우습게 보지만, 어

블록에 적힌 주사위 숫자를 연결하는 게임 '도미노'야. 블록을 줄 지어 놓고 쓰러뜨리는 '도미노'보다 먼저 생겼지. (그림은 「어린이들의 놀이」(부분), 피터르 브뤼헐, 1560년.)

른이 되고 사회생활을 하는 데 큰 도움을 준다고 해. 우리는 엄마가 되어 보기도 하고, 아빠가 되어 보기도 하고, 화장을 하거나 멋진 드레스를 입는 등 아직 현실에서는 할 수 없는 어른 흉내를 내기도 해. 특히 흥미로운 것은 현실에서는 마냥 어리광 부리는 아이들도 인형을 가지고 놀 때는 어른스럽게 잘못을 타이르거나 뉘우치기도 한다는 거야.

많은 보드게임이 숫자나 확률에 대한 이해를 높이는 것뿐만 아니라, 지리나 역사를 공부하는 데 도움을 줘. 「카탄」이라는 게임은 정육면체의 땅을 이어 붙인 가상의 섬에서 문명을 발전시켜 가는 게임인데, 한정된 자원과 기회를 가지고 자신의 세력을 넓혀 가는 방법을 깨우치게 하지. 「푸에르토리코」는 아메리카 대륙에서 노예를 이용해 커피나 염료를 생산하고 교역해 가는 과정을 테마로 만든 게임인데, 당시에 어떤 물자들이 어떤 과정을 통해 교류되었는지를 깨달을 수 있어. 때론 필요 없는 물자를 바다에 버리기도 하는데, 실제 무역에서도 그런 일이 있었대.

나는 어떻게 이런 멋진 감정들을 '득템'했는가

사실 놀이는 이렇게 직접적인 지식이나 기능만을 가르쳐 주는 건 아니야. 그보다 중요한 것은 함께 놀면서, 함께 살아가는 방법을 배우는 일이지. 서로 팀을 나누어 게임 속의 여러 미션을 해결해 나가면서, 앞으로 우리가 살아가면서 부딪히는 문제 상황들을 극복해 나가는 훈련을 하는 거야. 동료들을 이끌어 갈 리더십도 배우고, 서로 역할에 충실한 협동심도 익힐 수 있어. 제한된 시간에 무엇을 먼저 해야 하는지 판단력도 기르고, 예상치 못한 일이 벌어졌을 때 재빨리 돌파구를 찾아내는 유연성도 키워 갈 수 있지.

승리. 참 중요한 문제야. 노력한 끝에 미션을 클리어하면 지금까지의 어려움이 한순간에 녹아 버리지. 그다음에 더 큰 일을 해 나갈 용기를 얻을 수 있고. 그런데 말이야. 열심히 노력했는데 져 버렸을 때는 어떡하지?

삼촌이 어릴 때 외가에 놀러 가 또래들과 어울리게 되었어. 걔들이 산에 개구리를 잡으러 가자며 어떤 도랑을 뛰어넘더라. 내 키는 족히 넘을 만한 거리였어. 하지만 거기를 뛰어넘어야만 아이들 무리에 낄 수 있었지. 겨울이었고 도랑에는 더러운 구정물이 살짝 얼어 있었어. 떨어진다고 죽지는 않겠지만 다리가 부러질 수도 있고, 시궁창에 빠진 몰골로 집에 돌아가면 야단 맞을 게 분명했지. 그래도 뛰어야 했어. 비겁하게 물러서고 싶지는 않았거든. 뛰었어. 어떻게 되었을까?

발끝이 건너편에 닿았지만 미끄러졌어. 나는 겨우 잔디 뿌리를 잡고 매달렸어. 나는 졌다고 생각했어. 그런데 애들이 나를 보고 있는 거야. 발이 아직 개울에 안 떨어졌다고. 혼자 기어오르면 성공한 거라고. 나는 겨우 기어올라갔어. 아이들과 같이 산으로 올라갔지만, 난 졌다고 생각했어. 애들이 불쌍해서 봐준 거라고. 무지 분했어.

시간이 흘러 삼촌이 어른이 되어 현실에서 진짜 승부를 겨뤄야 할 때면 그 순간이 떠올라. 그러곤 생각해. 걱정 마. 예전에도 그렇게 실패해 봤잖아. 이번에 운이 좋지 않아 지더라도 나는 이겨 낼 수 있을 거야.

게임에서 이기고 지는 것보다 중요한 건, 우리가 느끼는 '감정'이야. 게임에서든 현실에서든 항상 이길 수는 없어. 하지만 이기지 않음으로서 배우는 많은 감정이 있어. 외로움, 분노, 답답함, 무서움,

역겨움, 공포……. 우리는 살면서 이런 감정들을 느껴. 정말 싫지? 조물주는 왜 이런 걸 내 안에 숨겨 두었을까, 싶기도 하고.

하지만 이런 감정들은 인류가 진화하면서 삶에 꼭 필요하기 때문에 몸 안에 간직하게 된 거야. 몸에 상처가 생기거나 병이 들었는데 아픔을 못 느낀다고 생각해 봐. 아프지 않다면 치료도 안 할 테고 그러면 결국 죽게 되겠지. 마찬가지로 도둑이 내가 힘들게 모아 둔 식량을 훔쳐 가는데 마음에 분노가 생기지 않는다고 생각해 봐. 맞서 싸울 수가 없어.

하지만 이런 감정이란 게 오히려 사람을 꼼짝 못 하게 만들기도 하거든. 방 안에 바퀴벌레 한 마리가 나타났다고 해서 꽥꽥 소리만

질러서는 곤란하잖아. 그런데 우리는 놀이, 특히 승패가 걸려 있는 게임을 하면서 이런 감정들을 자주 접할 수 있게 돼. 그러면서 '방어력'이 서서히 올라가는 거야. 다음 카드에 어떤 벌칙이 나올까 두근두근하면서 공포심을 이겨 내는 내성이 생기는 거지.

중학생인 소연이는 축제 때 댄스 공연을 하기로 했어. 친구들과 함께 유명 걸 그룹의 율동을 따라 하고, 머리 모양이나 의상도 최대한 비슷하게 만들어 보려고 했지. 그런데 누가 가운데 자리에 서느냐를 두고 친구와 경쟁하면서 마음이 상해 버렸대. 한참을 괴로워하다가 안무를 바꾸어 서로 번갈아 가며 가운데 자리에 서기로 했지. 수줍음이 많아 처음엔 가운데에 안 서려던 친구까지 용기를 내서 그 역할을 맡게 되었지.

드디어 무대 위의 공연. 연습과는 또 달랐어. 실수도 했고. 하지만 박수 속에 모든 어려움이 씻겨 나갔지. 그런데 신기한 게 말이야. 제일 즐거웠던 순간을 돌이켜 보라면, 무대 위에서 박수 받을 때가 아냐. 연습을 마치고 땀에 젖은 친구들의 손을 잡고 교문까지 걸어가던 때가 더 선명히 떠올라.

바로 이래서 놀이가 멋진 거야. 결과가 아니라 과정을 즐길 수 있게 해 준다고. 함께 정신을 잃고 놀이 속에 뛰어들면서, '그냥 친구'를 '진짜 친구'로 만들지.

규칙을 배워야, 놀이도 삶도 자유롭다

정말 놀이를 통해 배우는 게 너무 많지 않아? 놀이를 하다 보면 인간이 만들어 낸 훌륭한 지혜를 계속해서 만날 수 있어. 그중에서도 빠뜨릴 수 없는 게 있는데 말이야. 바로 '규칙'이야. 정말 까다롭고 귀찮기만 해 보이는 법과 규칙. 하지만 이게 사실은 우리가 훨씬 재미있고 자유롭게 놀기 위해 만들어진 거야.

우리가 좀 심하게 놀다 보면 이런 말을 하지.

"오호 장난이 아닌데?"

이게 굉장히 중요한 말이야. 논다는 건 항상 규칙이나 약속과 함께 해야 하는데, 서로 가장 먼저 확인해야 할 것은 '이건 노는 거다'라는 약속이야.

동물들의 놀이에서도, 애들이 '우린 지금 노는 거다.'라고 분명히 약속하고 있대. 그래야 서로 물고 때려도 그 규칙 안에서 상대를 해치지 않게 되는 거지. 호랑이 새끼 하나가 다른 새끼의 머리를 주먹으로 때렸다고 생각해 봐. 만약 상대는 그게 공격이라고 여기면 강하게 반발할 테고 곧 둘은 '장난 아니게' 다투게 되겠지. 서로 다른 종의 동물을 한 우리에 같이 살아가게 하기가 어려운 것도 이 때문이야. 원숭이는 장난으로 여기고 달려드는데, 곰은 그게 너무 화가 나고……. 우리도 동물보다 나을 게 없어. 장난과 실제를 구별하지 못해 결국 싸움으로 번지기도 하잖아.

놀이마다 규칙의 울타리가 달라. 그리고 그 탄력성도 다르지. 스

이탈리아의 카드 게임 이미지(위)와 「카드 놀이하는 사람들」의 부분 그림(아래, 폴 세잔, 1892~95년).

포츠 게임이나 보드게임 같은 경우는 규칙이 아주 엄격해. 그걸 벗어나기 시작하면 재미가 없어지고, 게임을 하는 의미 자체가 사라지기도 하지. 하지만 길거리에서 하는 놀이나 여흥 시간에 하는 게임은 규칙이 유연하지. 때와 장소에 따라 규칙이 다르고, 즉흥적으로 바꾸기도 하지.

'삼육구 게임' 알아? 삼육구 삼육구, 이거 삼촌이 예전에 엄청 날렸는데, 얼마 전에 너희들이랑 하다가 완전 망신당했어. 벌칙으로 인디언 밥 당하느라 등판이 지글지글 다 타 버렸다고. 삼촌이 나이가 들어 멍해진 것도 있지만, 규칙이 다르더라고. 그렇다고 국제 공인 규칙이 있는 것도 아니고 그냥 거기에 따라 갈 수밖에 없지. "로마에 가면 로마법을 따르라." 이런 말 있지. 그거 아마 누가 로마에서 게임하다가 깨달았을 것 같아.

놀이의 규칙이 유연할 수 있다고 했지만, 그래도 같이 하는 사람은 그 규칙을 분명히 알 수 있도록 해야 해. 서로 생각하는 규칙이 다르거나, 그때그때 상황에 따라 바뀌면 서로 다투게 된다고. 마치 심판에게 눈가리개를 씌워 놓고 축구 경기를 하는 거나 마찬가지지.

또 하나 규칙이 분명해야 하는 이유는, 그래야 더 재미있다는 거야. 울타리가 확실해야 그 울타리 안에서 이런저런 전략을 쓰고 기술을 사용하는 등 놀이 자체를 고차원으로 만들어 갈 수 있는 거지. 우리가 여흥을 위해 시작한 놀이가 기말고사의 어떤 문제보다 난이

도가 높으면서도 흥미진진해질 수 있어. 그런데 여기에서 매우 골치 아픈 녀석이 하나 나타났어. 그 녀석의 이름은…….

거짓말!

게임을 하는데 거짓말을 한다. 또는 '기만'을 하거나 '속임수'를 쓴다. 여기에 대해 어떻게 생각해? 언뜻 보면 절대 용납할 수 없는 일인 것 같지. 그런데 어떤 게임은 거짓말이 없으면 존재할 수가 없어. 삼촌이 너랑 가위바위보를 하는데, 너한테 물어봐. "너, 뭐 낼 건데?" 너는 말하겠지. "그걸 말해 주면 어떻게 해요?" "그래 말 안 해 줄 거야? 삼촌은 가위 낼 건데." 이렇게 말해 놓고 삼촌이 바위를 냈다. 그러면 너는 삼촌을 두고 반칙을 했다고 할 거야? 그건 아니잖아. 치사하게 심리전을 썼다고 할 수는 있지만 말이야.

가위바위보는 만약 자기가 무얼 낼지 미리 말해 버리면 게임 자체가 성립하지 않아. 카드 게임에서는 자기가 가진 카드를 숨기거나 상대방이 다른 카드로 착각하게 만드는 것도 게임을 이기는 주요한 방법이 돼. 이때 자신이 아주 불리한 카드를 가지고 있는데도 좋은 카드를 가지고 있는 것처럼 빙그레 표정으로 연기할 수도 있지. 반대로 좋은 카드를 들고 바로 다음 기회에 끝낼 수 있는데 엄살을 부리며 인상을 쓴다든지……. 이것은 게임의 일부야. 농구를 하는데 내가 슛할 것처럼 해 놓고, 우리 편에게 패스하는 것도 작전의 일부고.

그런데 이런 경우는 어떨까? 모두가 다섯 장의 카드를 가지고 게임을 시작해야 하는데, 한 장을 몰래 숨기고 있는 거야. 아니면 「스타크래프트」 같은 게임을 하는데 속임수를 써서 상대방 맵을 몰래 들여다본다든지.

모든 게임에는 통용되는 속임수와 그렇지 않은 속임수가 있어. 여러 명이 게임을 하는데 둘이서 몰래 편을 먹고 한 사람을 궁지에 몰아서는 안 되지. 하지만 「마피아 게임」처럼 같은 팀끼리 힘을 모아 다른 사람을 속여 넘기는 게 게임의 목표인 경우도 있어.

게임은 이렇게 거짓말을 만들어 내는 경우가 많아. 그래서 비교육적이라고 여기는 사람도 있지. 하지만 우리의 삶 자체가 그런 속성을 지니고 있다는 걸 알려 주기도 해. 때론 무언가를 감출 필요도 있고, 때론 눈속임 동작을 쓸 수도 있고……. 그런 것이 전혀 없는 순수한 세상은 없거든. 그러니까 게임을 통해 '용납된 거짓말과 속임수'가 어디까지인지를 깨닫고 배우는 게 중요하다고 생각해.

자 이제 게임이 끝났어. 그러면 뭘 해야 하지? 놀이 도구를 정리해야 한다고? 너 참 착하구나. 그런데 그전에 할 일이 있어. 진 사람에게 벌칙을 줘야지. 똑같은 게임을 하더라도 벌칙을 다르게 해서 얼마든지 새로운 재미를 만들어 낼 수 있거든. 가위바위보는 아주 단순하지만, 진 사람 얼굴에 낙서하는 벌칙을 만들면 다들 정신 줄을 빼고 달려들더라고.

자, 그런데 게임에서 페어플레이를 하지 않는 사람. 게임 자체를 망쳐 버린 사람에게는 어떤 벌칙을 줄까?

"안 끼워 줘."

정말 강력하지? 유치원도 안 다니는 꼬마들도 이 형벌을 알아. 신기하게도 어른들이 굳이 가르쳐 주지 않아도 자연스럽게 안대. 그건 우리가 원시인이었을 때부터 가장 두려워하던 형벌이기 때문이야. 추방!

노는 건 인생의 축소판

삼촌은 낯선 도시에 갈 때마다 게임 도구나 장난감 같은 걸 구경하고 구해 오는 걸 좋아해. 홍콩에 갔을 때는 나무로 된 '뱀과 사다리' 게임을 발견하고 깜짝 놀랐어. 어릴 때 문구점에서 팔던 종이 게임하고 너무 닮은 거야. 그런데 스페인의 그라나다에 갔을 때는, 구멍 속에 말을 끼울 수 있게 된 뱀과 사다리를 만났지.

모양은 조금씩 다르지만 이 게임들은 공통점이 있어. 칸의 왼쪽 아래부터 시작해서 주사위를 던져 그 숫자만큼 말이 앞으로 나가. 그러다 자신이 걸린 칸에 사다리가 나오면 중간을 통과해서 위로 올라가는 거야. 반대로 뱀의 입이 나오면 미끄러져서 아래로 떨어져. 삼촌이 어릴 때 하던 놀이는 '뱀과 주사위 놀이'라고 사다리 대신에

'뱀과 사다리' 게임은 세계 곳곳에서 여러 모양으로 만날 수 있어. 행운과 불운에 따라 오르락내리락하는 우리의 인생을 게임으로 만든 거야.

화살표가 그려져 있었어. 그래서 실험을 열심히 하면 쭉 올라가서 과학자가 되고, 빵을 너무 많이 먹으면 미끄러져 병실에 누워 있게 되지. 이런 식으로 해서 결승점까지 먼저 가는 사람이 이기는 거야.

뱀과 사다리 게임은 조선 시대 서산대사가 만들었다는 '성불도 놀이' 하고도 비슷해. 윷놀이 비슷하게 말판을 움직여 불교의 윤회를 체험하게 해 놓은 거야. 인생의 길고 긴 곡절들을 작은 말판 안에 옮겨 놓고, 그 위를 걸어가며 여러 인생을 살아 보도록 하는 거야. 개나 돼지 같은 삶을 살다가 덕을 쌓으면 인간이 되고 그러다 천상의 존재가 되기도 하지. 말판 가운데는 독사, 전갈 같은 함정도 있고, 잘못하면 지옥이나 축생의 단계로 떨어지기도 해.

게임 중에는 이렇게 인생의 축소판이라 할 만한 것들이 많이 있어. 「인생 게임(The Game of Life)」이라는 보드게임이 대표적이지. 1860년 밀튼 브래들리라는 석판화 제작자가 처음 만들었는데, 이걸 개량한 것이 100년 뒤인 1960년에 나와 큰 인기를 모았어. 온 가족이 모여 주사위를 굴려 가상의 인생을 살아가는 거야. 대학교에 들어간다든지, 아이를 낳는다든지 하는 체험을 할 수 있어. 에베레스트 산에 오르거나 스톡옵션 주식을 받을 수도 있고…….

많은 게임들이 그렇지만 인생을 축약한 이런 게임들에는 두 가지 중요한 요소가 있어.

첫 번째는 주사위라는 우연이야. 우리가 살다 보면 항상 예측하지 못한 어떤 상황에 처하게 돼. 시험 치는 날에 배탈이 나기도 하고, 귀찮은 심부름을 가다가 마음에 두고 있는 이성 친구를 만나기도 하지. 우리는 주사위를 굴려 우연히 도착한 판의 내용을 보며, 우리의 삶이 항상 정해진 순서에 따라 진행되는 게 아니라 행운과 불운을 만나 변화할 수 있다는 걸 알게 되지.

두 번째는 나의 선택이야. 우리는 하루에도 몇 번씩 선택의 순간에 맞닥뜨리잖아. 등교 시간에 버스가 막 지나가 버렸는데 달려가서 세워 달라고 할까 말까. 시험 시간은 얼마 안 남았는데 확실히 알고 있는 걸 복습할까, 전혀 못 본 부분을 훑어볼까? 집에 돌아가는 길에 PC방에 들러서 놀다 갈까, 아니면 빨리 가서 숙제부터 할까?

이와 같은 선택의 연습을 게임에서도 하게 돼. 우리가 윷놀이를 할 때 똑같은 '걸'이 나오더라도, 여러 가지 방법으로 말을 쓸 수 있잖아. 말판에서 가고 있던 말을 멀리 보내느냐, 아니면 새 말을 써서 상대방의 말부터 잡아 버리느냐.

이 선택이 중요한 이유는 우리가 머리를 잘 써서 게임을 이기도록 하기 위해서만은 아니야. 어떻게 보면 선택의 결과보다 선택을 하는 그 결심 자체가 중요해. 우리는 많은 경우에 이도저도 결정을 못해 주저앉아 버리곤 하거든. 이것도 불안하고 저것도 확신이 없고……. 그러나 가장 나쁜 것은 아무 선택도 하지 않는 거야. 게임 속에서 우리는 이런저런 고민을 하지만 선택을 하고, 그 결과를 받아들여. 그게 참 중요해. 왜냐고? 선택을 하지 않으면 게임이 굴러가지가 않잖아.

꼭 「인생 게임」만이 아니야. 논다는 것은 우리에게 여러 종류의 인생을 살아 보게 해 줘. 어떤 때는 일이 너무 잘 풀려서 마치 내가 '엄친아'로 태어난 것 같아. 또 다른 때는 컨디션도 나쁘고 같은 팀이 실수를 연발해서 엉망이 되어 버리지. 우리는 그 모든 걸 체험해 볼 필요가 있어. 때론 뭐든 다 갖추어져 있는 인생보다 뭔가 부족하지만 하나하나 해결해 갈 여지가 주어지는 인생이 더 재미있어.

『빨간 머리 앤』에서 소녀 앤은 이렇게 말해.

"내 속엔 여러 가지 앤이 들어 있나 봐. 가끔씩은 난 왜 이렇게 골치 아픈 존재인가 하는 생각이 들기도 해. 내가 한결같은 앤이라면 훨씬 더 편하겠지만 재미는 절반밖에 안 될 거야."

전문적으로 노는 사람 —조커 vs. 광대

일하기 바쁘고, 노는 것은 천시되던 그때.
수백 년 전에도 전문적으로 '노는 사람'들이 있었어.
현대의 코미디언이나 연예인과 비슷한 사람들인데,
그 대표적인 이름이 우리나라에서는 광대, 유럽에서는 조커!
과연 이들은 어떻게 놀았을까?

조커—Joker, Jester, Fool, Clown

유럽의 왕실이나 귀족 가문에 고용된 전문적인 연예인이야. 눈에 뜨이는 원색의 옷에 독특한 모자를 쓰는 경우가 많았어. 모자와 신발에 방울을 달기도 하고, 당나귀 귀 같은 장식을 하거나 가면을 쓰기도 했어. 낄낄거리는 웃음소리를 내며 수수께끼를 내거나 저글링 같은 개인기를 선보이며 관심을 끌었고, 커다란 파이 안에 들어가 있다가 튀어나오는 깜짝쇼를 벌이기도 했지.

조커는 왕이나 그의 손님들을 비꼬는 말을 자유롭게 내뱉을 수 있는 특권이 있었는데, 그래도 풍자조의 농담이 지나치면 채찍으로 얻어맞기도 했다네. 셰익스피어가 살던 시절 영국에서 이들의 활동이 두드러졌는데, 그래서 그의 희곡을 보면 이런 역할을 하는 캐릭터가 꼭 나와. 셰익스피어는 어느 광대를 소개하며 "바보 역할을 할 만큼 똑똑했다."라고 했지. 그만큼 출중한 재능을 가지고 있어야만, 바보 흉내를 내며 세상을 조롱할 수 있다는 거겠지? 프랑스나 이탈리아에서는 서커스나 인형 극단처럼 유랑하는 광대 집단들도 있었어.

광대-창우(倡優), 재백정(才白丁)

고려, 조선 시대에 가면극, 인형극, 줄타기 등을 하면서 사람들을 즐겁게 만든 직업적인 연예인들이었지. 왕실에 고용되어 궁중 행사나 외국 사신들의 영접 때 재주를 보이는 경우도 있었지만, 보통 남사당패, 솟대쟁이패와 같은 무리를 만들어 전국을 떠돌아다니며 놀이판을 펼쳐냈지. "광대 끈 떨어졌다."라는 속담이 있는데, 광대가 연기를 할 때 그 탈의 끈이 끊어져 벗겨진 것처럼 아무것도 할 수 없는 상태를 말해. 탈을 벗은 광대는 조선시대 가장 비천한 집단으로 여겨져 천시당했어. 광대패가 마을에 들어오는 것을 반대하는 양반들도 많았지. 그래서 이들은 마을에서 잘 보이는 고갯마루에서 온갖 재주를 부리며 놀이판을 열 수 있도록 허가를 받으려 애썼지. 그때 "곰뱅이 텄다."고 허가가 내려지면 풍물놀이를 하며 마을로 들어가지. 그러면 저녁을 얻어먹고 화톳불을 피운 뒤에 신명난 놀이판을 만들었다지.

그만 놀아!

더 놀래!

삼촌이 요즘 두문불출하고 있으니, 친구가 전화를 해 왔어. "너 요즘 뭐하냐? 굶어 죽은 줄 알았잖아." "무슨 소리야. 요즘 내가 얼마나 열심히 살고 있는데. 연구 때문에 머리털이 다 빠질 지경이야." "연구? 무슨 개뼉다귀 같은 연구야?" "아, 놀라지 마. 인류사의 가장 중요한 문제, 논다는 것에 대해 파고 있어." 친구는 한참 동안 웃어 댔어. 나는 발끈했지. "야, 뭐가 그리 우습냐?" 친구가 말했어. "놀고 있네. 잉여력이 폭발했냐? 아주 훌륭한 잉여 찬양 전도사 나셨구먼." 그러곤 전화를 딱 끊었어.

나는 뜨끔했어. 잉여라는 말은 원래 나눗셈을 하고 뒤에 남은 숫자를 뜻하는 거잖아. 그런데 요즘은 사회에 전혀 도움 안 되는 사람들, 혹은 그 사람들이 쓸데없이 시간 낭비를 하는 일을 꼬집을 때도 쓰는 말이지. 사실 나는 어젯밤에도 인터넷에 유행하는 잉여 놀이들을 열심히 들여다보고 있었거든. 새우 과자에는 정말 과자가 몇 개나 들어 있는지 조사해서 인증 사진까지 올려놓는다든지 하는 놀이 말이야. 그런 내 얼굴에 친구 녀석이 '잉여'라는 도장을 찍으니까, 내가 정말 죄인이 되어 버린 기분이 들었어.

아무리 노는 일을 자랑으로 여기는 나라고 해도 이쯤 되면 약간의 죄의식을 느낄 수밖에 없더라고. 그러다가 아예 생각을 정반대로 바꿔서 해 보기로 했어. 노는 게 정말 나쁜 게 아닐까? 정말 그렇게 좋은 거라면, 평생 그냥 놀고 먹는 사람이 제일 잘 사는 거 아닌가? 왜 우리 사회는 무위도식하는 사람들을 훌륭하다고 여기지 않지?

나는 고발한다, 놀이는 나쁘다

그때부터 나는 논다는 것의 나쁜 점을 파헤치기 시작했어. 앞에서 말한 '악마의 변호인' 노릇을 하기 시작한 거지. 그런데 말이야. 작정하고 무언가의 약점을 끄집어내는 거 은근 재미있더라고. 또 이런 시선으로 바라보니 평소엔 괜찮아 보이던 것도 다 삐딱하게 느껴지고……. 그렇게 내가 찾아낸, 논다는 것의 몹시도 나쁜 점. 이제부터 조목조목 고발해 볼까?

무엇보다 논다는 건 위험해. 다치기 십상이야. 놀다 보면 정신이 팔려 버리잖아. 그래서 평소에는 하지 않던 행동, 위험한 일까지 서슴없이 하게 만들지. 새끼 사자들은 노는 데 정신이 팔려 서로 얼굴에 상처를

남기기도 하고, 아이들은 모험을 즐긴답시고 높은 나무에 올라갔다가 떨어져 다리를 다치기도 하지. 처음에는 노는 걸로 시작했다가 "아쭈 이거 장난이 아닌데?" 하면서 서로 다투는 경우까지 벌어진단 말이야. 삼촌도 어릴 때 몸에 안 맞는 큰 자전거를 타 볼 거라고 까불다가 넘어져 다치기도 하고, 친구들과 달리기를 하다가 리어카 쇠 손잡이에 꽝 하고 부딪혀 피가 나기도 했지. 아직 이마에는 그때의 흉터가 남아 있어.

놀다 보면 못된 짓도 해 버리는 수가 있어. 남자아이들은 과격한 총 쏘기나 칼싸움을 좋아하지. 그러다가 죽어라! 죽어라! 하며 친구를 진짜 적인 양 대하기도 해. 자꾸 그러다 보면 폭력적인 성향이 몸에 배기도 하지. 여자아이들은 인형 가지고 노는데 꼭 뽀뽀를 시키고 그러더라. 부끄러운 것도 모르고. 애들끼리 논다고 문 꼭 잠그고 들어가면, 부모님이 걱정하시는 것도 이해가 가.

즐겁게 놀려고 시작했다가 마음만 상하기도 해. 승부를 꼭 가려야 하는 게임 있잖아. 여기에 목숨 거는 친구들 많아. 그깟 바둑 한 판, 농구 한 게임, 스타크래프트 한 판 이기겠다고 아득바득 달려들고, 상대가 이상한 트릭을 쓰면 비겁하다고 욕하고, 자기 팀이 지면 실수한 친구를

트로이 전쟁 당시, 아킬레스와 아약스가 보드게임을 하는 모습. 기원전 510~530년경.

야단치고. 그러면 그 친구는 속으로 이렇게 생각하지. '왜 꼭 나만 가지고 그래? 지들이 패스 제대로 안하고 혼자 잘난 척하다가 졌으면서. 꼬시다 꼬셔.' 게임은 경쟁심을 지나치게 부추긴다고. 게다가 게임을 하다가 지면 잠도 안 오지. 결국 다시 벌떡 일어나 컴퓨터를 켜고 만만한 상대를 찾아 이겨 줘야 직성이 풀린다고.

생각 없이 놀다 보면 이상한 버릇이나 편견에 물들기도 해. 여자애들은 꼭 분홍색 옷을 입은 예쁜 인형을 가지고 노는데, 마치 그렇게 예뻐야만 주인공 노릇을 할 수 있다고 생각하지. 키가 작거나 얼굴이 못생긴 애들은 따돌리는 버릇까지 생겨나. 인형 뽑기 놀이나 주사위 게임은 사행성을 부추기기도 해. 마치 어른들이 도박에 물들듯이 상품을 타 내려고 눈이 빨개져서 덤벼들지. 또 장난감을 가지고 놀다 보면 점점 새롭고 비싼 장난감에 끌리게 되고, 결국 엄마를 조르다 못해 거짓말로 용돈을 타 내기도 하지.

컴퓨터 게임이 특히 문제야. 처음에는 심심풀이로 잠깐만 하고 말아야지 하지만, 점점 그 재미에 빠지고 나중에는 이게 재미있는지 없는지는 관계없이 계속 거기에 매달리게 만들지. 목표를 향해 가는 과정을 즐기던 게임이 목표와 승패에만 연연해서, 게임 아이템을 돈 주고 사서라도 상대를 앞서가려고 하고, 심지어 치트키 같은 반칙을 써서라도 이기고 싶어지지. 문제는 그렇게 이겨도 기분이 개운해지지 않는 거야. 머릿속에는 계속 게임 캐릭터가 빙글빙글, 완전 중독

향락에 빠진 네로 황제는 로마에 큰 불이 났는데도 제대로 수습을 못 했지. 그러고선 기독교인들이 불을 질렀다고 화풀이를 했어. 「네로의 횃불」, 헨리크 지미라드즈키, 1876년.

이 되어 버리지.

논다는 데 정신이 팔리면 한두 사람이 아니라 나라 전체가 꼴까닥 하는 경우도 있어. 고대 로마에는 3천 명이나 한꺼번에 들어갈 수 있는 목욕탕이 있었는데, 여기에서 온갖 퇴폐적인 놀이를 했다고 하더군. 파티를 하다가 너무 배가 부르면, 토해서 속을 비운 뒤에 다시 와서 새로운 음식을 먹었다고 해. 이런 쾌락은 아무리 채워도 채워지지 않는다는 거야. 특히 네로 황제는 하늘 무서운 줄을 몰랐지. 로마 시내에 아주 큰 불이 났는데 악기를 켜고 노래를 했다는 소문까지 있단 말이야.

자 어때? 논다는 것은 악마의 꼬드김이야. 너희들을 공부 못 하게 하고, 부모님 말 안 듣게 하고, 잠 못 자게 하고, 결국 타락시켜 어둠의 지옥으로 끌고 가는 급행열차야. 이래도 논다는 것에 매달릴 거야?

살짝 맛이 가야 즐겁다

어때? 논다는 것은 확실히 위험한 면이 없지 않지. 달콤한 설탕물을 조린 사탕은 빨아먹을 때는 좋지만, 나중엔 이빨이 썩으면 잠도 못 자고 괴로워하게 된다고. 시간 가는 줄 모르고 게임에 정신이 팔렸다가 후회로 가슴을 친 기억들. 한두 번이 아니지?

논다는 것은 마법의 원 안으로 들어가는 거라고 했어. 그런데 마법의 원 안에는 이상한 끈끈이 같은 게 있어 우리를 한번 붙잡으면 쉽게 놓아주지 않아. 그리고 때론 현실과 놀이 사이를 오고가다가 줄에 걸려 꽈당 넘어지기도 해. 그런데 우리는 왜 자꾸 위험을 무릅쓰고 마법의 원 안으로 들어가려고 하는 걸까? 그냥 그 마법의 원 안에 안 들어가면 어떨까? 그래도 살 수는 있지 않겠어?

"절대 싫어요. 공부나 일만 하면 답답하잖아요."

답답하다. 어쩌면 그게 제일 중요한 이유일지도 몰라. 우리가 꼭 해야 한다고 하는 공부, 예절, 약속 같은 것들이 때론 우리 목을 꽉 조여. 마치 몇 해 전 겨울에 입던 폴라티를 다시 꺼내 입은 것처럼 말이야.

부모님과 선생님은 우리에게 안전하다고 표시되어 있는 길로만 가라고 하지만, 그 좁은 길을 가다 보면 갑갑해서 미칠 것 같아. 그런데 미치지 않으려면 어떻게 하지? 논다는 것에 답이 있어. 진짜로 미치지 않으려면 살짝 미친 뒤에 돌아오면 돼.

논다는 것은 우리를 미치광이로 만들어. 멀쩡하던 애가 갑자기 다리를 떨며 원숭이 흉내를 내고, 가수 뺨치던 애가 일부러 음정을 틀리며 엉터리 노래를 부르고, 남자아이가 여자 옷을 입거나 여자아이가 아빠처럼 수염을 기른 흉내를 내는 거…… 이거 다 미친 짓이잖아.

때론 한 사람 두 사람이 아니라, 동네나 나라 전체가 함께 미치는 경우도 있어. 우리는 그걸 축제라고 해. 1년 중의 어떤 때, 어떤 장소에서는 모두가 신분과 의무를 잊고 '돌+아이'가 되어 흥겹게 노는 거지.

유럽에는 아주 오래 전부터 전해 내려오는 '카니발'이라는 전통이 있어. 처음에는 사악한 영혼들을 쫓아내기 위해 푸닥거리를 하는 것

마드리드에서 매년 2월에 열리는 축제의 마지막 날 모습을 그린 거야. 사람들은 제각각의 기괴한 분장을 하고 나와 춤을 추었지.
「사르딘의 매장」, 프란시스코 고야, 1812~1819년.

에서 시작했다고 하지만, 곧 모든 신분들이 자유롭게 노니는 축제가 된 거야. 카니발의 주요한 특징은 사람들이 가면으로 자신의 얼굴을 숨긴다는 거야. 귀족들은 평민처럼 변신하고, 평민은 왕을 흉내 내고, 아이들은 어른이 되고, 어른들은 새와 짐승으로 변신하지. 그러고는 원래의 모습에서는 할 수 없었던 일들을 자유롭게 하곤 했어. 평민들은 자신들을 억누르던 귀족들의 거들먹거리는 모습을 흉내 내고, 귀족들은 원래라면 체면을 차리느라 할 수 없었던 짓들을 마음껏 해 버리지. 춤추고 노래하고 낯선 사람과 얼싸안고 가짜로 만든 인형에 불 지르고……. 그렇지만 카니발이 지나면 원래의 모습대로 돌아와야 했어. 다음 날 아침까지 그러고 다녔다간 몰매를 맞으니까.

왕이나 귀족들은 바보라서 이런 상황을 용납했을까? 아니야. 그냥 놔두었다간 평민들이 스트레스가 쌓이고 쌓여 폭발해 버릴까 두려웠던 거야. 그리고 그들도 이런 광기에 휩싸인 축제를 즐기기도 했고. 너희들이 학교 축제 때 선생님 흉내를 내고, 선후배 간에 '야자 타임'을 하며 키득거리는 것도 이런 원리와 아주 흡사해. 모두들 이런 식으로 억눌린 마음을 풀어 줄 필요가 있는 거야.

이런 미치광이 같은 축제는 아직도 계속되고 있어. 스페인에서는 마을에 황소를 풀어 놓고 사람들이 거세게 날뛰는 소를 피해 좁은 골목길을 도망 다닌다거나, 서로 토마토를 마구 집어던지면서 온 도시를 새빨갛게 만드는 축제를 하지. 일본에서는 가마를 만들어 질주하는 축제가 벌어지는데, 좁은 모서리를 도느라 가게들이 부서지기도 하고 사람들도 다치곤 하지만 계속 그 전통을 이어가고 있어. 우리나라 보령에 가면 진흙으로 목욕을 하는 머드 축제가 있는데, 외국인들도 정신없이 온몸을 더럽히며 깔깔대지. 정상적인 상태라면 이건 바보짓이고, 옷 더럽혔다고 엄마에게 야단맞을 짓이고, 경찰이 출동해서 꽁꽁 묶어서 유치장에 가두거나 정신병원으로 보낼 일들이지. 하지만 허락된 어떤 장소와 시간에서 우리는 짧지만 강하게 즐겨.

아이들이 보는 동화 중에는 아주 무시무시한 내용들이 많아. 독이 든 사과로 공주를 죽이려고 한다든지, 마녀가 아이를 잡아먹기 위해 과자로 살을 찌운다든지……. 그런데도 아이들은 이런 악몽 같은 이야기 속을 아주 즐겁게 탐험한단 말이야. 논다는 것도 그와 비슷해. 어떻게 보면 금지된 꿈을 꾸는 거야.

부모님이 보기엔 너희들의 놀이가 위험해 보이기도 해. 그래서 그 안에 들어가는 걸 막고 또 빨리 끄집어내려고 하지. 너희들은 그럴수록 더 그 안으로 들어가려고 하고. 중요한 것은 너희들이 들어가는 걸 결정했듯이 나오는 것도 결정할 수 있어야 한다는 거지. 언제 놀이를 그만둘 건가, 이 놀이를 멈추는 사람은 타인인가 아니면 나 스스로인가, 이것을 결정하는 것도 하나의 게임이야.

컴퓨터 게임의 끈끈이는 왜 그렇게 질길까?

세상에는 참 달짝지근한 끈끈이들이 많아. 모양도 가지가지, 빛깔도 알록달록. 숙제 많고 시간 없을 때, 내일모레가 시험일 때면 눈에 더 잘 뜨이지. 그중에서도 제일 쉽게 만날 수 있고, 또 가장 끈적끈적한 녀석이 있어. 아무리 자르고 없애도 언제 그랬냐는 듯 뾰로롱 하고 피어나는 대왕 끈적이, 그 이름은 컴퓨터 게임!

처음 버튼을 누를 땐 몰랐지. 그냥 한 게임만 해야지. 잠시 머리만 식혀야지. 하지만 한 게임, 두 게임 하다 보면 생각이 달라지지. 아니 생각이란 게 없어지지. 요것만 깨고, 요 아이템만 먹고……, 안 되겠다. 오늘 밤에 아예 뿌리를 뽑아 버리자. 그리고 내일부터는 게임 끊고 열공 모드에 돌입하는 거야. 엄마 몰래 불 꺼 놓고 게임 삼매경. 그래서 게임의 종결자 되셨습니까? 아니죠.

이게 사실 남의 이야기가 아니야. 삼촌도 한때 「삼국지」, 「에이지 오브 엠파이어」, 「파이널 판타지」, 「스타크래프트」 같은 게임 때문에 거의 폐인처럼 지내기도 했어. 새 게임을 깔고 신 나서 몇 시간이고 하다가, 이래선 안 되겠다며 지우고, 다음 날 일어나서는 다시 또 깔고, 도저히 안 되겠다며 게임 CD를 망치로 깨고, 그러다가 길을 가다 PC방을 발견하면 달려 들어가고, 밥 먹는 시간도 아까워 빵과 음료수를 잔뜩 사 들고 들어갔는데, 하필 너희들 하교 시간이라 빈

자리가 없으면 괜히 야단쳐서 집에 보내고……. 그러다 도무지 인간의 행색이 아닌 꼴로 집으로 돌아간 적도 많아.

그렇다면 우리는 왜 유독 컴퓨터 게임에 이렇게 중독이 잘 될까? 왜 그렇게 한번 빠지면 벗어나기 힘들까?

컴퓨터 게임은 확실히 여타의 놀이들과는 다른 특징이 있어. 일상에서 친구들과 하는 게임은 어떤 조건이 갖추어져야 해. 축구라면 운동장이 있어야 하고, 보드게임이라면 같이 할 친구들이 필요하지. 하지만 컴퓨터 게임은 훨씬 쉽게 할 수 있어. 잠시 틈만 생기면 언제든지 그 안으로 들어갈 수 있지. PC만이 아니라 휴대용 게임기, 휴대폰으로도 게임을 할 수 있으니 쉬는 시간, 등하교 시간 등 언제든지 나를 쏙 빨아들이지.

컴퓨터 게임은 반응 속도가 아주 빨라. 친구들과 카드 게임을 하면 카드를 섞거나 나누는 데 시간이 꽤 필요해. 하지만 컴퓨터 게임은 한 판이 끝나고 다음 판으로 들어갈 때 필요한 시간이 거의 없어. 게임을 하다가 아니다 싶으면 중간에 그만두고 다시 시작할 수 있지. 게임 도중에 채팅으로 수다를 떠는 경우도 있지만, 게임에 몰입할수록 점점 그런 게 없어지지.

마치 나 자신이 컴퓨터 안에 쏘옥 빨려 들어간 것처럼 허겁지겁 게임을 해. 하면 할수록 더 빠르고 더 자극적인 것을 찾게 되고, 눈도 아프고 목도 뻣뻣해지지. 피로와 스트레스를 풀려고 게임을 한 건데,

게임이 끝나면 더 피로해지고, 그런데도 또 틈만 나면 게임을 하고 싶어져.

처음 컴퓨터를 이용한 게임이 만들어졌을 때 이런 일이 벌어질 거라고는 생각하지 못했을 거야. 그때는 컴퓨터라는 것 자체가 너무 낯설어서 사람들이 키보드나 마우스를 쓰는 것조차 익숙하지 않았지. 그래서 이런 식으로 재미있는 게임을 하면 그걸 통해 컴퓨터에 익숙해지리라고 여긴 거야. 「지뢰찾기」라는 게임도 마우스를 클릭하는 기술을 쉽게 익히라고 만들었다고 해. 그런데 어느 순간 주객이 전도되어 게임을 하기 위해 컴퓨터를 사고, 최신 사양으로 업그레이드하는 시대가 되었어.

게임을 하면 우리의 뇌에서는 즐거움을 느끼게 하는 '도파민'이라는 물질이 생겨난대. 그런데 우리의 뇌가 이 물질에 중독이 되면 곤란한 일이 생겨. 강하고 자극적인 즐거움을 얻으면 점점 더 강한 자극을 찾게 되지.

1950년대 올즈와 밀러라는 과학자들이 유명한 쥐 실험을 했어. 이게 좀 무시무시한데, 쥐에게 전기 스위치를 누르면 뇌 신경을 자극해 즐거움을 느끼게 했더니, 단지 쾌감을 위해 1시간에 700번이

나 스위치를 눌렀어. 결국 먹는 것도 짝짓기도 포기하고 스위치를 누르다 죽어 버린 거야. 컴퓨터 게임 중독을 마약, 도박과 같이 생각하는 이유도 여기에 있어.

「테트리스」「지뢰찾기」「비주얼드」처럼 단순한 게임일수록 오히려 중독성이 강하다고 해. 이런저런 생각을 할 여지를 주지 않고 계속 반복해서 뇌의 일정 부분만 사용하도록 자극하니까. 이런 게임은 여자들도 좋아하는데, 삼촌의 친구는 스마트폰으로 너무 오래 게임을 하다가 토하기도 했대. 점심시간에 잠깐 스트레스를 풀 정도로 하면 좋겠지만, 계속 머릿속에서 빙빙 돈다면 그건 문제가 있는 거겠지?

도파민에는 또 다른 특성이 있어. 무언가 새로운 것을 만날 때 더 잘 생겨난대. 인간이 호기심과 상상력을 가지고 어떤 문제를 해결해 나갈 때 모락모락 피어나는 거지. 어른이 되면 아무리 놀아도 청소년 때처럼 즐겁기는 어렵대. 그건 이미 너무 많은 걸 경험해 새로움을 느낄 여지가 줄어들었기 때문이지.

어떻게 보면 우리가 컴퓨터 게임에 빠져드는 이유는 새로움을 만날 시간이 너무 없어서인 것도 같아. 너희들이 자유롭게 놀 시간 자체가 부족하다는 것도 큰 이유가 되겠고. 그리고 인간은 스트레스가 강할수록 강한 자극을 가진 놀이를 하고 싶어지는데, 너희들이 생활에서 느끼는 스트레스가 크기 때문에 이렇게 단순하고 자극적인 게임에 빠져드는 걸 수도 있어.

도파민의 또 다른 특징은 말이야. 어떤 목적을 달성했을 때가 아니라, 그걸 달성해 가고 있다고 느낄 때 더 많이 생겨난다고 해. 게임은 이길 때가 아니라 이겨 가고 있다고 여길 때 더 즐겁다는 거지. 논다는 것은 이긴다는 '목적'이 아니라 승리를 향해 가는 '과정'의 즐거움이야. 인간은 과정 자체를 즐기도록 프로그래밍된 존재인 거지. 우리는 게임을 하며 새로운 단계로 올라갈수록 흥분하게 돼. 매번 비슷한 스타일이나 비슷한 수준의 상대가 나타나면 지겨워지는 이유도 거기에 있고. 그리고 마지막 '끝판왕'과 맞섰을 때 최고조로 흥분되는데…….

이상해. 막상 왕을 쓰러뜨리고 나면 허탈해. 이렇게 끝나고 만 거야? 혹시 중간에 뭔가 빠뜨린 거 없나? 미션 중에 혹시 빠뜨린 것 없나?

그래, 우리는 뭔가를 빠뜨렸어. 게임에서 정말 얻어야 하는 가장 중요한 아이템을.

나만의 승리, 모두의 즐거움

어떤 놀이는 좋고, 어떤 놀이는 나쁘다. 이렇게 말하지는 않겠어. 삼촌이 어릴 때는 전자오락실이란 곳에서 동전을 넣고 하던 비디오 게

1896년 근대올림픽이 처음 열렸을 때는 금메달이 없었어. 우승자에게 은으로 된 메달, 모든 참가자에게는 구리로 된 메달을 주었지. '참가' 하는 것이 가장 중요한 가치라는 거지.

임이 유행이었어. 그때 부모님과 선생님은 쓸데없는 데 시간과 돈을 낭비한다고 말렸지만, 지금 돌이켜 보면 즐거웠던 추억이거든. 그마저도 안 했으면 공부 때문에 생긴 스트레스는 어떻게 풀고, 친구들과는 어떻게 어울렸겠어? 그러니 지금 너희들이 죽고 못 사는 컴퓨터 게임을 두고, 그건 너무 중독이 심하니 하지 말라고 말은 못 하겠어. 그렇지만 이런 말을 할 수 있어. 세상에는 여러 놀이들이 있고,

컴퓨터 게임이 전부는 아니라고.

삼촌은 요즘은 컴퓨터 게임은 거의 안 하고 살아. 대신 좀 더 시간이 걸리더라도 친구들과 여유롭게 수다를 떨 수 있는 보드게임 같은 걸 즐기지. 항상 쉽게 게임을 할 수는 없지만, 그래도 게임이 끝났을 때 찝찝하고 피곤한 마음은 별로 없어. 짜릿한 승패가 걸린 게임 자체의 즐거움도 좋지만, 게임 중간 중간 친구들끼리 농담도 주고받고 개인기도 하고 놀려 대기도 하는 게 더 재미있더라고. 물론 이것이 정답이라고 너희들에게 강제할 생각은 없어.

다만 우리가 게임을 통해 정말 얻어야 하는 아이템은 무얼까, 깊이 생각해 볼 필요가 있어. 승리 그 자체가 중요할까, 아니면 게임을 해 나가는 와중에 얻는 재미가 더 중요한가? 이상하게 들리지. 이기는 것보다 더 큰 즐거움이 있다고?

삼촌이 보드게임을 즐겨 한다고 했는데, 그렇다고 승패에 무관심한 것은 아니야. 특히 남자들끼리 모여서 게임을 할 때면 그 긴장감이 장난이 아니지. 「일루머너티」는 이 세상이 비밀의 음모 조직에 의해 움직인다는 가설에 따른 게임이야. 게이머들은 스위스 은행, 로마의 마법사, 컴퓨터 네트워크 비밀결사 등의 조직에 속하는데, 각자 차례가 돌아오면 자신의 특수 능력을 발휘해 목표에 다가가거나 상대방을 방해할 수 있어. 그런데 내가 친구들과 게임을 하다 보니 서로 기회만 오면 상대를 방해하는 거야. 처음엔 재미 삼아 그랬는데, 하면 할수록 감정이 상해서 "좋아, 내가 못 이겨도 좋아. 그렇지만 너만은 이기게 놔둘 수 없어."라며 특정 상대와 유치한 다툼을 해. 결국 하루 종일 게임을 했는데 아무도 한 판을 이기지 못했지.

영리한 친구들은 게임의 규칙을 빨리 파악해. 어떻게 하면 최단 경로로 승리에 다가갈 수 있는지 알아. 그들은 적자생존의 세계 속에서 살아남는 법을 빨리 깨닫고 재빨리 결승점에 도달해. 어떻게 보면 너희들에게 공부와 진학에만 힘써야 한다고 하는 논리와 닮았어. 그런데 나는 이렇게 생각해. 정말 똑똑한 친구라면 '이 게임에서 내가 어떻게 이기느냐' 만큼이나 '이 게임을 어떻게 하면 함께 즐길 수 있을까'를 고민할 거라고. 아주 실력이 뛰어난 누군가가 항상 이기고 1등을 독차지한다고 생각해 봐. 다른 친구들은 그 놀이를 계속하려고 할까? 상대가 없어지면 누구와 게임을 하겠어?

운과 실력, 스포츠와 놀이

다시 '주사위' 이야기로 돌아가 볼까? 삼촌은 인류가 놀이를 발명하고 즐기는 데 있어서 주사위가 아주 중요한 역할을 했다고 생각해. 똑같이 양의 뼈로 만들었지만 공깃돌에는 없고 주사위에는 있는 건 뭘까?

운(運).

공기놀이는 사실 스포츠에 가까워. 삼촌의 막내 누나는 공기 귀신이었는데, 오른손은 물론 왼손으로 해도 절대 실수를 하는 법이 없었어. 백 판을 하면 백 판을 계속 성공했어. 당연히 나는 한 판도 이길 수가 없었지. 하지만 '뱀과 사다리'처럼 주사위로 하는 놀이는 달랐어. 내가 누나보다 어리고 키도 작고 생각이 짧아도 주사위의 숫자는 '운'에 따라서 결정되니까.

사람들은 왜 게임에 운이라는 걸 넣었을까? 기술과 실력이 더 뛰어난 사람이 이기도록 하는 게 공정하지 않나? 열심히 연습한 사람이 처음 게임하는 사람에게 질 수도 있다니. 이건 너무 불공평하잖아.

운칠기삼(運七技三)이라는 말 들어 본 적 있어? 삼촌이 아주 좋아하는 『요재지이』라는 책이 있어. 청나라의 포송령이라는 사람이 세상을 떠도는 기이한 이야기들만 모아 놓은 책인데, 바로 여기에 나오는 말이야. 어떤 선비가 정말 열심히 공부를 해서 매년 과거 시험을 쳤지만 백발이 되도록 번번이 낙방만 한 거야. 결국 자포자기해서 동아줄로 목을 매려다가, 이거 너무 억울하다 싶은 생각이 들었어. 그래서 옥황상제에게 따지러 갔어. 왜 자기보다 훨씬 못한 녀석들은 과거에 급제했는데 자기는 떨어졌는지.

옥황상제는 정의의 신과 운명의 신을 불러들였어. 그리고 둘이 술 마시는 시합을 해서 이 선비가 정말 억울한 건지 아닌지를 판가름하기로 했어. 만약 정의의 신이 술을 더 마시면 네가 옳고, 운명의 신이 더 마시면 너는 억울할 게 없다고. 시합이 벌어졌고, 결과는 이렇게 나타났어. 운명의 신은 일곱 잔, 정의의 신은 석 잔. 옥황상제는 말했어. "세상일은 정의와 실력대로 되는 게 아니라, 누구도 예측할 수 없는 불합리한 운명이 작용하는 것이다. 그러나 기술 역시 3할은 차지하고 있다."

사람들이 게임에 주사위 운을 넣은 것은 이러한 삶의 이치에서 따온 것 같기도 해. 하지만 항상 운칠기삼은 아니지. 어떤 게임은 운이 더 많이 작용하고, 어떤 게임은 기술이 훨씬 중요해. 운오기오가 될 수도 있고, 운삼기칠이 되는 경우도 있어.

우리가 스포츠라고 부르는 경기들은 실력이 아주 높은 비중을 차지하고 있지. 삼촌이 아무리 운이 좋아도 100미터 경기에서 우사인 볼트를 이길 수는 없어. 아마 삼촌은 50미터만 뛴다고 해도 안 될걸? 야구나 축구 같은 구기 종목은 운이 좀 더 개입하긴 하지. 하지만 역시 실력이 압도적으로 중요해. 두뇌를 쓰는 게임 중에도 바둑처럼

지금으로부터 100년 전에 우리 선조들이 바둑을 두는 모습이야. 바둑을 이기는 데는 힘보다는 지능과 집중력이 필요하지. 그래서 여성이나 아이들이 더 잘 둘 수도 있다고.

고도의 전략을 다투는 경우에는 실력 차이가 크게 작용하지. 당구나 「스타크래프트」는 그보다는 운이 많이 작용하지만, 실력이 뛰어난 사람과 그렇지 않은 사람의 승패는 아주 분명해.

반대로 놀이의 목적으로 만들어진 게임은 운이 훨씬 더 중요해. 「뱀과 사다리」나 「인생 게임」은 주사위 운이 대부분이지. 왜 그렇게 만들었을까? 우선 우연성을 보태면 게임이 좀 더 흥미로워지지. 항상 똑같은 결과가 나오는 것을 방지하는 거야. 또한 실력이 좀 떨어지는 사람들도 이길 수 있게 만들어. 누구든 게임을 즐길 수 있게 만들기 위해서야. 보통 프로들이 다투는 게임은 기술이 훨씬 큰 비중을 차지하고, 어린아이들까지 즐기는 가족 게임은 운이 훨씬 큰 비중을 차지해. 우리가 명절에 즐기는 윷놀이가 대표적이지.

누구든 게임을 흥미롭게 생각하는 건, 그 게임에서 이길 수 있다는 희망을 가지기 때문이야. 많은 사람들이 함께 하고 즐기는 게임은 결국 더 많은 사람에게 이길 수 있는 기회를 줘야지. 물론 그런 경우에 게임의 긴장도가 떨어지는 건 사실이야. 그럼에도 우리는 그 안에서 다른 즐거움을 찾게 돼. 게임의 승자가 되었을 때, 패자가 되었을 때, 혹은 응원자의 자리에 있을 때 서로 다른 감정을 느끼면서, 하나의 공동체가 즐기는 법을 배우게 되지.

「위대한 달무티」라는 카드 게임이 있어. 서양의 중세 시대를 재현한 놀이인데, 게이머들은 왕, 제사장, 상인, 시종의 역할을 번갈아 맡아. 마치 카니발 놀이를 하는 것과 비슷하지. 그러고선 자기 차례에 얻은 역할을 통해 게임에서 이기기 위해 여러 가지 작전을 펼쳐. 이 게임도 물론 승리할 때 큰 쾌감을 느끼지. 하지만 그것 이상의 재미가 있는데, 바로 자기 차례에 맡은 역할에 따라 적절한 연기를 하는 거야. 만약 네가 왕이 되면 온갖 권세를 부릴 수 있어. 평소 너를 깔보던 형도 상인과 시종을 맡으면 굽실굽실 아부를 해야 하고……. 그런데 또 신분이 바뀌면 전세가 역전되지. 천연덕스럽게 연기할수록 게임이 더 재미있어져. 그러면서 깨닫게 돼. 삶의 운은 어떤 이를 왕으로도 만들고 거지로도 만드는구나. 하지만 언제든 또 뒤집힐 수 있는 거구나.

놀듯이 공부하고, 놀듯이 일할 수 없나?

혹시 삼촌이 이런저런 노는 이야기만 하니 아주 팔자가 편해 보이지. 하지만 노는 것에 대해 말하는 일도 쉽지만은 않아. 너희는 교과서에 적힌 것만 공부하면 되지만, 삼촌은 책에 쓴 게 정말 맞는지 확인하기 위해 온갖 책을 읽고 인터넷을 뒤지며 공부를 해야 한다고. 노는 것에 대해 연구하기 위해 이런저런 놀이를 해 보지만, 이게 또 일을 위해서 하자니 피곤하게 느껴지기도 해.

삼촌은 예전에 만화를 좋아해서 만화에 대한 글을 많이 썼어. 처음에는 좋았지. 내가 좋아하는 만화를 보면서 돈을 벌 수 있다니. 그런데 말이야. 이게 일로 바뀌니까 즐겁기만 하던 만화 보기도 슬슬 부담이 생기더라고. 스토리도 주인공도 꼼꼼하게 기억해야 하고, 별로 좋아하지도 않는 만화책도 일일이 챙겨 봐야 하고……. 그러다 이런 생각이 들었어. 이렇게 노는 게 일이 될 수 있는데, 반대로 일이나 공부도 노는 것처럼 만들 수는 없을까?

무슨 궤변 같지? 그런데 만화 「개구리 중사 케로로」가 그 비법을

가르쳐 줬어. 이 외계인 개구리는 지구를 침략하러 왔다가 어느 남매에게 사로잡혀 그 집에서 살아가게 되지. 깐깐한 누나 한별이는 케로로에게 '밥값을 하라'며 이런저런 집안일을 시키지. 졸지에 가정부가 된 개구리 중사. 그런데 이 녀석의 적응력이 굉장해. 설거지를 하는데, 싱크대 통에 벌거벗고 들어가 목욕을 하면서 그릇을 닦는 거야. 콧노래가 절로 나오는 모습을 보니, 정말 일도 놀듯이 하면 훨씬 즐겁겠구나 싶더라고.

그리고 어쩌다 나도 그걸 따라 하게 되었어. 어느 겨울에 수도가 고장이 났는지 보일러가 고장이 났는지 싱크대에 뜨거운 물이 안 나오는 거야. 하루이틀 설거지거리를 묵히게 되었는데, 드디어 커피 한잔 받아 마실 컵도 없는 지경이 되었어. 그때 생각이 났지. 욕실에는 뜨거운 물이 나온다는 걸. 그래서 케로로처럼 발가벗고 샤워를 하면서 설거지를 했어. 이게 나름 재미있더라고. 그런데 갑자기 욕실까지 온수가 안 나오는 비상사태 발생. 덜덜 떨면서 샴푸와 세제 범벅이 된 몸과 그릇을 키친타월로 닦아 내야 했지.

마음가짐만 바뀌어도 공부가 놀이처럼, 귀찮은 집안일이 게임처럼 될 수도 있다고 주장하는 건 아냐. 하지만 생각의 방향을 바꾸는 것은 아주 중요한 일이야. 삼촌이 앞에서 '놀이로 배운다'면서 게임을 통해 배울 수 있는 이런저런 것들을 이야기했지. 이제는 아예 공부 자체를 놀이로 바꾸는 방법도 생각해 볼 수 있다고 생각해.

삼촌이 친구들과 함께 파티를 하면서
만들어 본 그림자의 방이야.

삼촌이 스페인 발렌시아에서 찾아갔던 과학관 이야. 여기에선 여러 놀이 기구나 게임을 통해 과학을 배울 수 있는데, 아이들보다 같이 간 엄마 아빠들이 더 좋아하더라고.

예전 삼촌이 있던 만화 동호회 회원 중에 중학교 선생님이 있었어. 그 선생님이 여름방학 때 학교에 텐트 치고 극기 훈련을 하는데 우리보고 좀 도와 달래. 팀을 짠 아이들에게 어두운 교실을 통과하는 미션을 주려고 하는데, 중간 중간에 애들을 놀라게 할 사람들이 필요하다는 거지. 동호회원들은 신이 났어. 마치 만화 주인공 코스튬플레이 하듯이 분장을 하고 학교에 숨어 들어갔지. 덩치 크고 머

뉴욕에서 만난 이 꼬마 친구는 엄마와 함께 집에서 직접 과자를 구워 벼룩시장에서 팔고 있었어. 왜 이렇게 싸게 파냐고 했더니, 같이 맛있게 먹으면 좋지 않냐고 하더라.

리 빡빡 깎은 친구는 프랑켄슈타인 분장을 하고, 머리 긴 여자는 처녀 귀신 모양을 하고 아주 신이 나서 애들을 놀랬지. 아이들도 아주 좋아했어. 이런 수업만 있었으면 좋겠다나.

너희들도 얼핏 기억날 거야. 유치원이나 초등학교 저학년 때는 직접 몸으로 체험하고 게임하듯이 하는 수업이 많았던 걸. 그런데 안타깝게도 학년이 올라갈수록 점점 책상에 앉아 책을 파야 하는 공부들이 많아지지. 선생님들이라고 그런 딱딱한 수업이 좋겠어? 마치 우리가 귀신 분장을 하고 놀듯이, 선생님 자신도 즐거운 놀이 같은 수업을 하고 싶겠지. 하지만 우리가 학교에서 쌓아야 할 지식들이 너무나 많아서, 그것 하나하나를 놀이로 포장하기는 어렵나 봐.

그래도 변화의 모습은 있어. 요즘 교육에서 다중지능이라는 말을 많이 해. 단순한 IQ로 지능지수를 측정하는 것과는 다른 방식으로 아이들의 능력을 알아내야 한다는 거지. 신체 운동, 대인 관계, 공간, 음악, 언어, 자기 이해, 자연 친화, 논리 수학 등 지능이란 다양한 모습을 띠고 있는데, 단지 책을 외우게 하고 시험에 답을 적게 하는 방식으로는 측정할 수 없다는 거야.

영어를 잘하는 아이가 자연 속에서 여러 원리를 파악하는 능력은 떨어지고, 암산을 기가 막히게 하는 아이가 자기 생각을 표현하는 데 서툴기도 하지. 그냥 학교 성적만으로는 이런 부족한 점들은 잘 알아낼 수가 없어. 오히려 게임이나 놀이를 해 보면 더 잘 파악할 수 있지. 즐겁게 놀이를 하면서 자신에게 부족한 것을 알아내고, 그 놀이에서 더 큰 즐거움을 얻기 위해 그 부족한 것을 채우기 위해 공부를 한다. 이게 정말 불가능한 일일까?

전자오락실에서 앵그리버드까지

손과 발, 나무와 돌, 종이와 주사위로 노는 게
오히려 낯선 지금, 우리는 컴퓨터나 휴대폰 같은
전자 제품으로 온갖 게임을 즐기고 있지.
그렇다면 이런 전자 게임들은 어떤 역사를 거쳐 왔을까?

너희 아빠 엄마들이 '전자오락'이라고 부르던 비디오 게임은 1970년대 미국에서 처음 생겨났어. 그때는 가정용 컴퓨터도 없었던 때라, 아예 게임만 하는 컴퓨터가 따로 만들어졌어. 1974년에 나온 「퐁」은 검은 배경의 좌우로 하얀 막대가 있어 두 명이 탁구를 치듯 흰 공을 튕겨 내는 게임이었어. 지금 보면 단순하기 짝이 없지만, 그때만 해도 인기가 최고였지. 한국에서는 퐁의 변형인 「벽돌깨기」가 유명했는데, 그땐 흑백 모니터밖에 없어서, 게임기 모니터의 벽돌 있는 부분만 색 셀로판테이프를 붙여 컬러인 듯한 느낌을 주었어.

1980년대에는 게임용 컴퓨터만 모아 놓은 전자오락실이 널리 퍼졌어. 뿅뿅 소리를 내며 외계인의 우주선을 깨부수는 「갤러그」를 비롯해 「방구차」, 「킹콩」, 「너구리」 같은 게임들이 큰 사랑을 받았지. 가정용 TV에 연결해서 사용하는 게임기들도 점차 보급되는데, 동그란 얼굴이 돌아다니며 아이템을 먹는 「팩 맨」 같은 게임이 많았지. 코 큰 아저씨가 모험을 하며 돌아다니는 「슈퍼마리오」는 아직도 큰 사랑을 받고 있어.

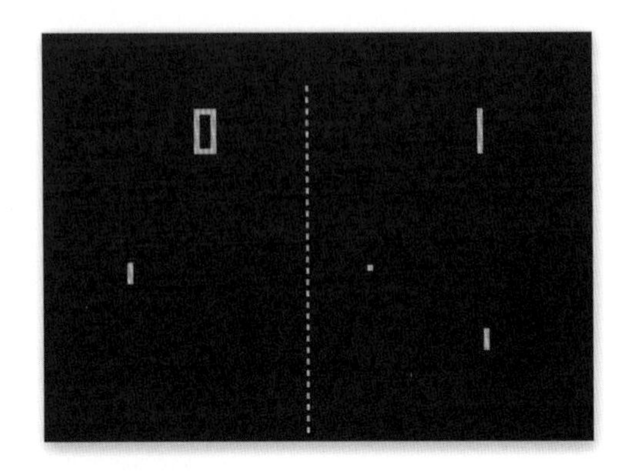

1990년대 초반부터 개인용 컴퓨터가 본격적으로 보급되면서 전자오락실에서만 즐기던 게임들을 이제 집에서도 하게 되었어. 이때 모스크바에서 이상한 게임이 날아왔어. 바로 「테트리스」라는 녀석인데, 서로 다른 모양의 블록을 끼워 맞추는 아주 단순한 게임인데도 중독성은 타의 추종을 불허했지. 그리고 마이크로소프트사의 컴퓨터에 기본적으로 깔려 있던 「지뢰찾기」도 상당한 인기를 모았지.

1990년대 후반부터 인터넷이 퍼지면서 PC방이 곳곳에 등장했고, 실시간 전략 시뮬레이션 게임인 「스타크래프트」가 국민 게임이 되었지. 세련된 유닛 조종 기술, 게임 맵을 해석하는 전략, 상대의 허를 찌르는 심리전 등 복합적인 능력이 필요한 게임이었어. 단순히 컴퓨터의 인공지능과 싸우는 게 아니라 인터넷이 연결된 지구 곳곳의 사람들과 대전한다는 것도 또 다른 흥분을 주었고. 그 때문에 프로게이머라는 새로운 직업이 생겨나기도 했지.

이제 누구나 손에 들고 다니는 스마트폰이나 태블릿 PC로도 게임을 즐길 수 있게 되면서 게임은 또 변하고 있지. 구조는 단순하지만 그래픽이나 사운드가 뛰어난 게임들이 많이 나오고 있어. 「앵그리버드」는 새들을 새총으로 쏘아서 돼지들의 건물을 부수는 아주 간단한 게임인데, 캐릭터들과 재미있는 배경 테마들을 계속 바꿀 수 있어서 지겨운 줄을 모른다고 해. 언젠가는 새로운 게임에 그 자리를 내 주겠지만 말이야.

자, 이제 놀러 나가자

독자 여러분 안녕하십니까? 지금 제가 나와 있는 곳은 대한민국. 그중에서도 생기발랄한 청소년들이 가득하다는 어느 학교 정문입니다. 지금까지 '논다는 것'에 대해 이런저런 생각들을 만나 봤는데요. 이제부터 본격적으로 논다는 것을 체험해 보아야 할 것 같습니다. 그래서 직접 청소년들과 함께 놀아 보기 위해 이 자리에 왔습니다.

딩~동~땡~동 딩~동~땡~동.

말씀드리는 순간, 수업을 마치는 종이 울리고 있습니다. 쏜살같이 한 무리의 친구들이 저글링 러시 하듯이 달려 나오고 있군요. 그중 한 학생을 만나 보도록 하겠습니다.

"학생, 어디 가는 거죠? 오늘 뭐 하고 놀 거지?"

"놀 시간이 어딨어요? 학원 가야죠."

"이야, 그렇게 공부를 열심히 하나? 그래도 게임은 할 거 아냐?"

"왔다 갔다 하면서 휴대폰으로 해요. 밤에 집에 가서도 하고……. 근데 왜 물어요? 귀찮게."

이런 이런. 학원 버스들이 달려와 우리 친구들을 데리고 가는군요. 역시 놀고 싶어도 놀 시간이 없다는 게 큰 문제네요. 그렇다면 하루에 몇 시간이라도 자유 시간이 생긴다면, 그때는 과연 무얼 할

까요?

"시간 나면 그냥 인터넷 서핑해요. 아이돌 팬클럽 가서 좀 놀고요."

"노래방 가요. 노래방 가요. 거기 가면 맘대로 소리 지를 수 있고 좋아요."

"남자애들은 PC방 가죠. 고등학생 형들 오기 전에 자리 잡고 게임해요."

"주말에는 쇼핑몰이나 영화관 가고요. 재수 좋으면 너구리월드, 에버공원, 이런 놀이동산 가는데……. 부모님이 같이 가는 것보다는 우리끼리 가는 게 좋지만……, 돈이 많이 드니까."

방과 후에 청소년들이 가장 즐겨 찾는 곳은 역시 노래방과 PC방이군요. 그럼 지금부터 그 실태 조사를 위해 중학생으로 변장하고 이들 틈에 끼어 보겠습니다. 이런 이런 금방 들켰네요. 수염 난 중학생은 없죠. 그러면 노래방과 PC방 아르바이트 직원으로 변신해서 이들의 모습을 지켜보겠습니다.

지금 한 무리의 여학생들이 노래방으로 들어오고 있습니다.

"여기 청소년 할인되죠? 우리 쿠폰 있는데 음료수 서비스 주세요."

여학생들, 방으로 들어오자마자 자연스럽게 마이크와 탬버린을 뽑으며 자리 잡는군요. 애창곡 번호는 거의 외우고 있나요? 놀 시간이 부족하니까 속전속결이라 이거죠. 인기 가수의 춤과 노래를 따라 하고, 친구의 배꼽 잡는 막춤을 보고, 테이블 위에 올라가 교복 재킷도 벗어서 빙글빙글 돌리고, 머리띠 풀어서 헤드뱅잉 하다가 서서히 체력이 고갈되고 있는 것 같습니다. 학교 운동장에서 노는 것보다 에너지 소비가 많겠네요. 포장해 온 햄버거와 콜라를 나눠 먹고 있군요.

그런데 궁금하군요. 왜 노래방에 와서 노는 걸까요? 그냥 누구네 집에 같이 가서 놀면 돈도 안 들 텐데.

"친구 집에 가는 건 초등학생이나 좋아하죠. 엄마들이 간식도 챙겨 주니까……. 하지만 중학생만 되어도 그 집 엄마 장난이 아니게 눈치를 줘요. 소리 지르며 놀거나 할 수도 없잖아요. 조금만 크게 웃어도 아래층 아저씨가 시끄럽다고 초인종 누르고 난린데……. 그냥 노래방에서 스트레스 푸는 게 나아요."

어두컴컴하고 무섭진 않을까요? 어른들도 몰려와서 노는 곳인데.

"요샌 깨끗한 청소년실 만들어 둔 데가 꽤 있어요. 일반 가정집처럼 바닥에 장판 깔린

곳도 좋아요. 좀 더 비싸긴 하지만. 그리고요. 어두컴컴하고 더러운 데서 술 담배 한다고 그러는데요. 그거 먼저 온 어른들이 안 치우고 간 거라고요. 우리도 돈 내고 떳떳이 노는 건데, 괜히 트집 잡아서 핀잔주고……. 노래방 입장에서도 우리가 훨씬 낫잖아. 방도 깨끗하게 쓰고…….”

이제 남학생들이 즐겨 가는 PC방으로 가 보겠습니다. 사실 저도 즐겨 가는 곳이라 낯설지는 않군요. 이런 오후 시간에는 역시 청소년들이 대부분이군요.

“수업 끝나고 야자 하기 전에 잠깐이에요. 오래도 못 해요. 교복에 담배 냄새 묻어서 싫긴 하지만…… 그래도 갈 데가 없잖아요. 어딜 가서 짧은 시간에 이렇게 싼 가격에 놀아요. 그리고 게임 못하면 친구들하고 어울리지도 못하고…… 아, 차라리 프로게이머나 되었으면 싶기도 해요.”

청소년들의 놀이터는 어디에?

“놀 시간이 없어요. 쉬는 시간이 생겨도 놀 데가 없어요.”

리포터 놀이를 마치고 집으로 돌아오는 동안 계속해서 너희들의 말이 귀에서 빙빙 돌더라고. 그런 탓인지, 평소에는 그냥 넘겨보던 길거리의 풍경을 유심히 살펴보게 되었어. 사람들은 이 갑갑한 도시, 어디에서 놀고 있을까? 어른들의 놀이터는 적지 않은 것 같아. 술집, 레스토랑, 카페, 골프 연습장……. 하지만 청소년들의 놀이터는 없어. 아예 출입이 금지된 곳도 많고, 들어서기만 해도 눈총을 받기도 하고, 무엇보다 돈이 많이 드는 곳들이야. 그나마 편의점이나 패스트푸드 가게에서나 너희 또래들을 만날 수 있더라고.

뭔가 뒤바뀐 것 같지 않아? 어른과 아이, 둘 중에 누가 더 잘 놀아? 누구한테 더 놀 기회를 많이 줘야 하지? 사실 생물학적으로도 어른은 잘 못 놀아. 새로운 것에 대한 흥미도 떨어지고, 놀이에 몰입하는 능력도 약해지지. 삼촌도 중고등학생 때는 여름 땡볕에도 하루 종일 축구하고 농구하고 놀았지만, 지금은 거드름 피우며 몸 좀 풀다가 5분 정도 최고의 경기력을 발휘하곤 주저앉아 버리지. 그러니까 뛰어노는 것보다 먹고 마시고 구경하는 게 더 편해. 그런데 이런 어른들이 청소년들에게 공부하라고 들들 볶잖아. 너희들은 좁은 PC방이나 노래방에서 답답해하지만, 공원에라도 나가서 놀면

외국에서 가끔 이렇게 전깃줄에 신발을 걸어 놓은 곳을 볼 수 있어. 아이들이 노는 장소라는 뜻이래.

어른들이 공부 안 한다고 눈총 주고. 결국 실제의 놀이터가 없으니까 가상의 인터넷 놀이터로 가게 만드는 것 같기도 해.

나는 이런 생각을 해. 누군가 재미있게 놀면서 행복하게 웃는 모습만 봐도 나까지 기분이 좋아진다. 그러니 내가 사는 동네에 아이들과 청소년들이 자유롭게 놀 수 있는 공간이 많아지면, 그걸 보는 어른들도 행복해진다.

"오늘의 놀이터는 내일의 공화국이다(The Playground of Today is the Republic of Tomorrow)."라는 말이 있어. 지금 우리 아파트 단지

나 유치원에서 흔히 보는 놀이터는 독일에서 먼저 생겨났지. 그리고 19세기 후반부터는 미국에서도 누구나 공짜로 들어갈 수 있는 야외 놀이터, 운동장을 만드는 운동을 벌이기 시작했지. 여러 인종과 계층의 아이들이 한군데 모여 함께 뛰어놀면서 서로를 이해하는 것이 결국 민주주의와 통한다는 거야.

삼촌이 어릴 때는 뒷산 소나무들이 좋은 놀이터가 되었어. 감나무는 잘 부러지고 열매 떨어진다고 올라가면 야단맞았지만, 소나무는 꾸부정하게 휜 것이 타고 올라가기가 좋았거든. 뭐 옷에 송진 묻으면 며칠씩 냄새가 안 가서 고생은 했지만 말이야. 그런데 점점 세상이 도시로 바뀌고, 차와 자전거가 위험하게 오가는 도로에서 아이들이 자유롭게 놀기는 어려워졌어. 좁은 뒷마당이나 옥상 같은 곳만으로는 아이들의 활기찬 에너지를 감당하기 역부족이고.

놀이터는 보통 유아들을 위한 곳이지. 초등학교 고학년만 해도 마음껏 뛰어놀 야외 공간을 찾기는 힘들어. 이런 사정은 세계 곳곳이 마찬가지인데, 그래도 요즘은 새로운 형태의 놀이 공간이 생기고 있어. 도쿄에는 '니시로쿠고우'라는 신기한 공원이 있어. 바닥은 모래인데 그 위에 있는 미끄럼틀, 시소, 그네 등은 못 쓰게 된 3천 개의 폐타이어를 재활용해서 만들었어. 게다가 애니메이션에서 튀어나온 듯한 로봇, 로켓, 공룡들이 우뚝 서 있는데, 고질라 괴물은 머리부터 꼬리까지가 20미터나 돼. 아이들은 물론 청소년, 어른들

폐타이어로 만든 니시로쿠고우 공원의 거대한 괴물(위)과 뉴욕 공원의 이동식 볼링 놀이기구(아래)야. 이런 놀이 공원이 동네마다 있으면 좋겠지?

까지 마음껏 매달려 놀 수 있지.

우리 주변에서도 청소년들을 위한 안전한 놀이 공간이 많이 만들어졌으면 해. 사실 너희 나이 때가 인생에서 가장 에너지가 넘치는 시기거든. 십대 중후반으로 갈수록 점점 위험한 것을 즐기는 편인데, 스케이트보드나 묘기 자전거처럼 익스트림 스포츠를 마음껏 즐길 수 있는 공간도 생겨야지. 그깟 주차장만 잔뜩 세우면 되겠어? 그리고 인공적인 기구보다는 원래 있는 그대로의 지형을 활용하고 여러 토종 식물을 활용해서 놀 수 있는 자연 놀이터 같은 게 좋을 테고.

미국 샬롯이라는 작은 도시에는 '이매진온(ImaginOn)'이라는 어린이와 청소년을 위한 문화 공간 겸 놀이 시설이 있어. 소극장과 도서관이 같이 있고, 위층에는 12~18세의 청소년들만 들어가 놀 수 있는 공간이 마련되어 있지. 만화나 잡지를 빌려 읽고 보드게임을 하거나 코스튬 의상을 입고 공연을 할 수 있어.

삼촌은 그런 생각도 해 봤어. 할아버지 할머니들에게 경로당이 있듯이, 청소년들에게 청소년당을 만들어 주면 어떨까? 주민 센터 옆에 작은 방을 만들어 거기에서 보드게임도 하고 만화도 보고, 작은 극장을 만들어 노래도 하고 춤도 추고……. 정말 불가능한 일일까?

TV 시청, 연예인 팬질, 문자나 SNS로 수다 떠는 건 놀이인가?

즐거움을 찾는다는 것도 때론 피곤한 일이지. 노래방이나 PC방에 가는 것도 은근 신경 쓰이잖아. 얼마 없는 용돈을 쪼개야 하고, 친구들하고의 관계도 신경 써야 하고, 노는 시간만이 아니라 오고 가는 시간이 아깝게도 느껴지고……. 그보다 적은 노력을 들여서 가볍게 놀 순 없을까?

"그냥 방바닥에 누워 시체놀이나 하는 거죠. TV나 보면서."

그래, 그럼 TV를 켜 볼까?

주말 버라이어티 쇼 시간이야. 예쁜 걸 그룹의 멤버들이 나와 어촌에 가서 갯벌 체험을 하고, 작업복 바지를 입은 채 막춤을 추네. 다들 배꼽을 잡고 웃고, 우리도 깔깔대며 거실 바닥을 뒹굴며 웃지. 누군가 깜짝 초대 손님으로 나타났어. 오토바이를 타고 등장해 헬멧을 벗는데…… 아, 아이돌 그룹의 G 오빠다. 한동안 안 보이더니 언제 복귀했지? 인터넷을 켜고 G의 팬클럽을 검색해. 여기도 난리구나. 벌써 G의 사진이 올라왔어. 아까 그 프로그램에서 명태를 마이크처럼 붙잡고 노래하는 장면. 꺄! 나를 보고 웃는 것 같아. 앞으로 한동안은 인터넷을 돌아다니며 '팬질' 하는 재미로 살아야지.

사실 우리에게 논다는 것은 이런 형태일 때가 많아. 직접 우리가 친구들을 만나 노는 게 아니라, TV를 통해 누군가 재미있게 노는 것을 관전하지. 어쩌면 운동 경기를 하는 선수와 운동을 관람하는 관객의 관계일지도 몰라. 그냥 남이 뛰는 것만 보아도 어느 정도의 칼로리를 쓴다고 하니, 남이 노는 모습을 보는 것으로도 마치 논 것과 비슷한 즐거움을 얻을 수 있을지 모르겠어.

관람이라는 형태로 여가를 즐기는 일이 최근에 갑자기 생긴 건 아니야. 영화, 연극 관람은 가장 중요한 놀이의 방법이었고, 독서 역시 여유로운 시간을 즐기는 수단으로 오랜 역사를 이어왔지. 예전 농민들에게는 어두컴컴한 방에서 새끼를 꼬면서, 떠돌이 장돌뱅이가 들려주는 한양에 온 중국 사신의 행렬 이야기를 듣는 것만 해도 커다란 즐거움이었어.

특히 여성들에게는 수다만큼 쉬우면서도 즐거운 놀이도 없지. 그런데 요즘은 그 수다 놀이도 모습이 많이 바뀌었더라고. 이제 직접 친구들을 만나지 않고도 얼마든지 수다에 빠질 수 있지. 휴대폰 문자로도 가능하고, 인터넷 채팅으로도 되고, 카카오톡 같은 메신저로 여러 명이 한꺼번에 대화를 나눌 수도 있어. 학교에 새로 온 교생 선생님이 어떻다는 둥, 요즘은 어떤 아이돌 그룹이 대세라는 둥, 너무 살이 쪄 모델 꿈은 접어야 되겠다는 둥, 그건 애초에 헛된 꿈이었다는 둥…… 이야기를 나누다 보면 시간은 순식간에 지나가지.

이처럼 여가 시간이 생기더라도, 적극적인 놀이보다 수동적인 휴식을 택하는 경우가 많은 게 사실이야. 하지만 아무리 짧은 시간이라도 진짜 내가 참여해서 노는 것에 투자하면 안 될까? 시체놀이는 편하지만, 가끔 뒤집어 줘야 해. 안 그러면 등에 욕창이 생길 수도 있거든.

놀다 보니 예술이네

미국 뉴욕에는 뮤지엄 마일이라는 길이 있어. 메트로폴리탄, 구겐하임 같은 멋진 미술관들이 줄줄이 늘어서 있는 거리인데, 매년 6월

뮤지엄 마일 축제. 뉴욕의 박물관 거리에서 모두가 예술가가 되는 축제야. 특히 색분필로 아스팔트 위에 갖가지 그림을 그리는 것이 가장 큰 재미지.

두 번째 화요일에 이곳 미술관들을 무료로 개방하는 축제가 벌어져. 삼촌은 공짜라면 고무줄도 맛있게 씹는 사람이라 여행 중에 이 소식을 듣고 당장 달려갔지. 그런데 막상 갔더니 미술관마다 나처럼 공짜 구경을 바라고 찾아온 사람들이 긴 줄을 서 있더라고. 아이고, 얼마나 기다려야 하지? 보고 싶은 그림도 엄청 많은데.

이렇게 푸념하고 있는데, 길거리에서 신 나는 노랫소리와 웃음소리가 들려오는 거야. 알고 보니 이 축제는 미술관만 공짜로 열어 주는 게 아니야. 그 앞 긴 도로를 차를 못 다니게 한 뒤에 거대한 놀이터로 만들어 놓은 거지. 갖가지 밴드들이 음악을 연주하고, 피에로

아저씨가 인형극을 보여 주고……. 그중에 가장 멋졌던 것은 이 도로 전체를 거대한 캔버스로 만들어 놓은 거야. 무슨 말이냐 하면, 사람들에게 색분필과 크레용을 나눠 주고 아스팔트 바닥에 마음껏 그림을 그리게 한 거야.

아이들이 먼저 신이 나서 토끼도 그리고 강아지도 그려 댔고, 어른들도 가만있지 않았어. 정성 들여 주변의 풍경을 그리는 사람도 있고, 애들보다 못한 낙서를 그려 놓고 으스대는 사람도 있었어. 어떤 아저씨는 분필을 들고 물고기 그림을 그리더니 거기에 멋진 명언을 더했어. 그러고는 쏜살같이 앞으로 달려가 또 다른 그림을 그리더군. 알고 보니 유명한 길거리 아티스트로, 저렇게 동네방네 그림을 그리고 다니는 게 일이라나. 정말 한두 시간이 지나니 도로 전체가 멋진 상상들로 가득 찬 그림이 되었어. 그리고 밤이 되어 차들이 다니기 시작했고 그림은 분필 가루가 되어 뿌연 안개로 사라졌지. 하지만 그 멋진 기억은 영원히 잊어버릴 수 없을 것 같아.

노는 것과 가장 닮은 것은 예술이야. 프랑스의 고갱이라는 사람은 증권회사를 다니다가 뒤늦게 화가가 되려고 결심했지. 하지만 답답한 도시에서는 자기 마음껏 노는 게 불가능하다는 걸 알았어. 그래서 모두가 원시의 마음으로 논다는 남태평양의 타이티로 갔지. 천재 음악가인 모차르트는 어찌나 장난꾸러기인지, 피아노를 칠 때가 제일 얌전하다고 할 정도였어. 하지만 그에게는 음표들 사이를 뛰어노는 게 제일 즐거웠을 거야. 노는 것은 사람을 살짝 미치게 하고, 예술 역시 그런 광기로부터 만들어져. 노는 것은 그 안에 빠져 모든 것을 잊어버리게 만들고, 예술 역시 마찬가지야. 둘 다 밥도 안 먹고 잠도 안 자게 만드는 데도 선수지.

인간의 뇌는 놀고 있을 때, 그러니까 긴장감을 던져 버리고 자유롭고 쾌활하게 풀어 준 상태에서 가장 왕성하게 활동한대. 이건 일이야, 이건 공부야, 하는 딱딱한 생각만 하면 뭔가 새로운 것을 만들어 내긴 어려워. 어떻게 보면 그저 정신이 팔려 놀다가 만들어진 신기한 무엇들을 두고 예술이라고 하는지도 몰라. 잉여의 놀이가 잉여가 아닌 예술이 된 거지.

우리가 만약 진짜 재미있게 놀고 있다면, 그 순간 다들 예술가가 되는 거야. 그리고 모든 사람들이 함께 놀고 있을 때 그 놀이는 축제가 되지. 그리고 이것이 쌓이고 모여 문화를 만들어 내. 프랑스의 사회학자인 로제 카유아는 『인간, 놀이, 게임들』이라는 책에서 말했어. 놀이는 도전, 표현, 즉흥에 바탕을 두고 이것이 문화는 물론 현대의 법률, 과학, 예술을 만든 근본이 된다고. 원시 부족들이 탈을 쓰고 춤추고 노는 것이 공연 예술을 만들어 냈고, 수수께끼나 언어유희가 시를 만들어 냈고, 즐거움을 위한 논쟁이 변호사와 검사를 둔 판결 제도를 낳았다는 거지.

함께 놀고 함께 일하는 공동체

어떻게 뮤지엄 마일의 아스팔트 바닥이 거대한 예술품이 되고 축제와 문화의 장이 되었을까? 미술을 사랑하고 노는 것을 좋아하는 사람들이 하나의 가족처럼 모여 함께 즐겼기 때문이야.

논다는 것은 오래전부터 공동체와 함께했어. 고대 원시 사회에서는 혼자서 살아간다는 건 절대 불가능했기에, 모두가 함께 일하고 함께 먹고 함께 쉬었지. 일하다가 생긴 피로, 같이 지내면서 생긴 다툼, 무지막지한 자연에 대한 두려움…… 이런 것들을 이겨 내기 위해 함께 놀이를 만들고 축제를 즐겨 온 거야. 우리 전통의 놀이들을

돌이켜 보자고. 설날의 윷놀이, 대보름의 쥐불놀이, 단오의 그네 타기, 추석의 강강술래…… 명절에 즐기는 놀이가 아주 많지. 그만큼 논다는 것은 공동체가 함께 모여 함께 즐긴다는 의미가 컸던 거야.

세상이 많이 바뀌었어. 함께 모여 힘을 나누어야만 하는 농사를 업으로 삼는 사람들은 점점 줄어들고 있지. 많은 사람들이 도시에서 각자의 직업을 가지고 살아가고, 커다란 씨족이 아니라 작은 가족 단위로 살아가고, 그나마 일이나 공부가 끝나면 자기 방에 틀어박혀 서로 얼굴조차 보기 어렵기도 해. 논다는 것도 컴퓨터 모니터나 게임기를 통해 혼자서 해결하는 무엇이 되었지. 그러다 보니, 이런 생각도 들어.

"세상 참 재미없다. 그냥 평생 혼자 틀어박혀 놀고만 지낼 수 없나?"

삼촌이 예전에 오스트리아의 빈에 간 적이 있어. 거기 시청 앞에 세계에서 제일 큰 크리스마스 시장이 열리는데, 그걸 구경하러 간 거지. 큰 광장에는 갖가지 요리가 혀를 유혹했고, 재미있는 공예품들이 눈을 즐겁게 했지. 재미있었지만 날씨가 너무 추워 덜덜 떨다가 건물 안으로 들어갔어. 건물 안에는 또 아이들을 위한 갖가지 잔치가 벌어지고 있었어. 아이들이 직접 크리스마스 장식품이나 과자를 만들 수 있게 해 놓은 게 너무 부럽더라고. 나도 들어가고 싶은데 어른이라고 안 된대. 갑자기 배가 아파서 화장실에 갔다가 손을 씻으러 세면대 앞으로 갔는데…… 이런, 어떤 아저씨가 얼룩덜룩한 작업복을 입고 힘겹게 설거지를 하고 있더라고. 그 그릇들이 다 뭐냐면, 좀 전의 그 아이들이 갖고 놀던 것들이었어. 핑 하고 눈물이 났어.

논다는 건 그래. 누군가 장난감 기차를 가지고 놀고, 패스트푸드점에서 생일잔치를 할 때는 그 뒤에 그걸 준비하는 사람이 있고 끝난 뒤에 치우고 정리하는 사람이 있어. 누구든 종업원이 되기보다는 손님이 되고 싶겠지. 하지만 인생이라는 게임은 절대 그럴 수 없어. 누군가 놀 때, 누군가 일을 해야 해. 그렇다고 어떤 사람은 평생 놀 수 있는 카드를 뽑고, 어떤 사람은 평생 일해야 하는 카드를 뽑게 해서는 안 되겠지.

세상은 빙글빙글 돌아. 밤과 낮이 번갈아 찾아오는 시계처럼. 우리의 시간표도 돌고 돌아. 공부하고 먹고 자고 놀고 쉬고 나의 시간이 돌아갈 때, 다른 사람들의 시간도 돌아가지. 그 시간표는 서로 다르게 움직이기 때문에, 누군가 일하는 시간에 또 누군가는 놀 수 있도록 되어 있어. 이렇게 세상은 일과 놀이의 순환을 이루며 열심히 춤을 추고 있지.

직접 키운 유기농 놀이

"딩동딩동!" 요란하게 초인종이 울린다. "누구세요?" "배달 왔습니다." 뭐지? 짜장면 시킨 적 없는데. "무슨 배달인데요?" "여기 '논다는 것' 주문하지 않으셨어요?"

요즘은 배달이 안 되는 게 없지? 피자, 치킨은 물론 시골 장터에서 파는 찐빵이나 서해안에서 갓 잡은 새우도 깔끔하게 포장해서 갖다 주더라고. 그런데 삼촌은 이런 생각도 들어. 우리는 놀이까지 배달받아 살아가고 있지 않나? TV 안에 차려진 코미디 프로그램, 인터넷 안의 온라인 게임, 백화점의 장난감……. 우리는 완제품으로 만들어진 놀이들의 뚜껑을 열고 "야, 재밌다." 하는 건 아닐까?

물론 시간 절약도 되고 잔손도 안 가지. 그러나 이런 놀이들로 가득한 세상은 어쩐지 퍽퍽해 보여. 그리고 믿음이 가지 않아.

요즘 엄마 아빠들이 농산물 때문에 걱정이 많으시지? 수입산이 많아 유통 과정도 길고, 대량 생산하느라 해로운 물질들이 잔뜩 뿌려져 있기도 하고…… 그래서 유기농 직거래 장터를 이용하거나 텃밭 가꾸기를 하며 믿을 수 있는 것들로 밥상을 차리기도 하시지. 힘들지만 그래도 믿을 만하고, 때로는 그 과정 자체가 즐겁다고.

삼촌은 논다는 것 역시 유기농으로 직접 기를 수 있다고 생각해. 컴퓨터 속에 박제화된 놀이가 아니라, 직접 친구나 가족들과 함께 얼굴을 맞대면서 즐기는 놀이. 고정된 규칙이 아니라 함께 모인 사람들의 약점을 이해해 주고 서로가 함께 도전하고, 또 그 과정을 통해 갖가지 시도를 할 수 있는 놀이들 말이야. 이렇게 키운 놀이는 더 건강하고 또 영양분이 높아. 심지어 그런 놀이를 만들어 가는 과정에서 어떤 수업 시간보다 많은 공부를 할 수도 있고, 내가 미처 몰랐

노리단의 「고래의 꿈」이라는 거리극의 모습이야. 주민들이 직접 생활 용품으로 물고기를 만들고, 또 악기를 연주하거나 춤을 추며 거리극에 참여하는 거야. 거리가 놀이터가 되어 누구나 함께 즐길 수 있는 거야.

던 창의적인 재능이나 잘 드러나지 않던 약점도 알게 되지.

나는 말이야. 많은 어른들이 어떤 함정에 빠져 있다고 생각해. 인생이라는 게임에서 무조건 열심히 일만 하고, 공부를 하고, 실적을 쌓고, 스펙을 늘려 가면 '행복'을 얻을 수 있다고 생각하지. 물론 그렇게 해서 높은 지위와 많은 돈을 얻을 수도 있지만, 막상 그렇게 얻은 아이템들을 어떻게 써야 할지 모르는 경우도 많아. 왜냐하면 못 놀아 봤기 때문에 막상 놀려고 하면 쭈뼛쭈뼛 뒤로 물러서기만 하지. 그리고 비싸게 포장된 놀이에 돈을 썼다는 것으로 자족하고 만다고.

자라는 아이들과 청소년들은 다른 함정에 빠지기도 해. 지금 눈앞에 있는 재미나 놀이의 즐거움에 눈이 멀어 버리는 거야. 마치 「월드 오브 워크래프트」 같은 게임을 하는데 산돼지를 잡아오는 초보

미션에만 몰입해서 쓸데없이 가방을 가득 채우는 것 같달까? 사실 놀이에서 얻은 아이템보다 훨씬 더 값지고 빛나는 것은 우리가 진짜 삶에서 얻을 아이템들이거든. 공부를 통해 지식을 쌓고, 많은 경험들로 지혜를 쌓아, 자신이 맡은 직업에서 멋진 일들을 해낸다면, 그건 인생 자체를 놀이로 만드는 거나 마찬가지잖아.

잉여는 잠시 잠깐은 재미있어. 하지만 영원한 잉여로서는 행복할 수 없어. 일 자체가 주는 성취감도 얻을 수 없고, 주변 사람들로부터 자존감도 얻지 못하고, 자기 생활을 이룰 자원도 확보하지 못해.

세상은 나의 놀이터

이제 이 책도 마지막이 보이네. 삼촌은 빌려 온 책들을 도서관에 반납할 겸 오랜만에 산책을 하러 나갔어. 그동안 너무 방에만 처박혀 있었나 봐. 논다는 것에 대해 책을 쓰느라 노는 것을 등한시하다니. 이것도 웃기는 일이지? 아무튼 온몸에 피어난 곰팡이들을 햇볕과 바람에 털어 버리려고, 우다다다 골목길을 달려 내려갔어. 그러다 신호등이 빨간불로 바뀌어 횡단보도 앞에 서게 되었어.

신기한 게 말이야. 이렇게 오랫동안 집 책상 앞에 앉아 있다가 바깥에 나가면 세상 모든 게 그렇게 재미있어 보인다는 거야. 채소 가게 앞에서 나물 다듬는 아주머니, 음식 배달하는 오토바이 청년, 교통 정리하는 경찰 아저씨……, 모두 어찌나 신 나 보이는지. 아, 저런 게 살아 있는 거구나 싶어. 한 가지만 빼고. 바로 도로에 꽉 찬 자동차.

삼촌은 자동차를 별로 안 좋아하거든. 매연 푹푹 풍기고, 소리 꽥꽥 지르고, 잡아먹을 듯이 달려들고……. 그런데 바로 옆에서 흥이 난 소리가 들려. 한 아이가 신이 난 눈빛으로 좌우로 고개를 돌려 자동차들을 보면서 뭐라고 말하는 거야. 오호라. 지나가는 자동차의 이름을 하나씩 맞히고 있더라고. 문득 삼촌 어릴 때 생각이 났어. 그

때 조그만 나는 산길을 걸어가며 "깔고 앉아 구기자나무, 그렇다고 치자나무……." 노래를 부르며 나무 이름을 맞히곤 했었거든. 옆을 지나가는 아저씨가 "너는 커서 나무 박사가 될 거냐?"라고 했어. 나는 나무 박사가 못 되었지만, 이 꼬마는 정말 멋진 차를 만드는 자동차 디자이너, 혹은 이런 자동차를 만드는 공장의 일꾼이 될지도 모르지.

세상이라는 게 이런 눈으로 보면 거대한 놀이터 같아. 자기가 좋아하는 것에 열정을 퍼부으며 공부하고 외우고 만들고, 그러다가 넘어졌다가 다시 일어나고……. 이처럼 신 나는 놀이가 있을까? 어쩌면 우리가 보드게임이나 컴퓨터 게임 속에서 했던 놀이는 그저 연습이었을 뿐이야. 장난감이 아닌 진짜 자동차를 만들고, 종이 위의 지도가 아닌 진짜 세상을 돌아다니고, 플라스틱 블록으로 만든 손바닥만 한 집이 아니라 진짜 건물을 짓는다면…… 그건 훨씬 힘들겠지만, 그만큼 우리의 심장을 두근거리게 할 거야.

호기심으로 모든 것을 바라보고, 자신의 꿈을 가지고 어려움을 이겨 내는 사람들이 있어. 그 사람에게 세상은 놀이터야. 내게 좀 더 힘든 일이 주어진다면, 내가 어떤 능력이 부족하다면, 그건 이 미션의 난이도가 좀 더 높아지는 것뿐이야. 그러니 겁먹고 게임판을 접지는 않아. 오히려 어려움이 클수록 나중에 더 큰 기쁨을 얻을 수 있다는 기대감이 커지기도 하는걸.

처음 놀이터로 나갈 때는 누구나 두려워해. 과연 거기에는 내가 즐길 만한 놀이기구가 있을까? 친구들이 나만 빼놓고 자기들끼리만 놀지는 않을까? 괜히 신 나게 놀다가 다치기라도 하면 엄마한테 혼날 텐데. 하지만 5분만 지나면 그런 걱정은 까맣게 잊어버리지.

그러니까 이제 문을 여는 거야. 심호흡을 크게 하고, 몇 번은 넘어질 각오를 하고, 제대로 한번 놀아 보자며 뛰어나가자고.

■ 사진 제공 : 이명석, 연합포토, 위키커먼즈, 사회적기업 (주)노리단(136쪽), 안성바우덕이남사당축제(82쪽), Oxfordian Kissuth(22쪽)

■ 너머학교는 이 책에 실린 모든 자료의 출처를 찾기 위해 최선을 다했습니다. 누락이나 착오가 있으면 다음 쇄를 찍을 때 꼭 수정하겠습니다.

논다는 것

2012년 2월 15일 제1판 1쇄 발행
2018년 7월 10일 제1판 9쇄 발행

지은이 이명석
펴낸이 김상미, 이재민

기획 고병권
편집 김세희, 이원담
디자인기획 민진기디자인

종이 다올페이퍼
인쇄 청아문화사
제본 광신제책

펴낸곳 너머학교
주소 서울시 종로구 자하문로 100-1 청운빌딩 201호
전화 02)336-5131, 335-3366, 팩스 02)335-5848
등록번호 제313-2009-234호

ISBN 978-89-94407-14-2 44370
ISBN 978-89-94407-10-4 44100(세트)

너머북스와 너머학교는 좋은 서가와 학교를 꿈꾸는 출판사입니다.